TRAITÉ

DES AVANTAGES

ENTRE ÉPOUX,

CONSIDÉRÉS SEULS,

,ET EN CONCOURS

AVEC D'AUTRES AVANTAGES.

Par le citoyen LEVASSEUR, ancien jurisconsulte.

A PARIS,

Chez {
L'Auteur, en la Cité, rue de la Calandre,
N°. 42.

Rondonneau, place du Carrousel, au
Dépôt des Lois.

FLORÉAL AN IX.

PRÉFACE.

Est-il à propos d'offrir au public quelques ouvrages sur les matières de droit, au moment que paraît le projet du Code civil? Plusieurs raisons ont déterminé l'auteur à donner le présent *Traité sur les avantages entre époux*, quoique nous ne soyons pas éloignés du temps, auquel il sera établi sur cette matière comme sur les autres, des principes stables. L'étude de la législation actuelle sur les avantages entre époux, est présentement indispensable : elle le sera jusqu'à la publication du Code, et encore long-temps après. 1°. Nombre de contestations sur cette matière, sont présentement pendantes devant les tribunaux. 2°. Plusieurs autres s'éléveront jusqu'à la confection du Code. 3°. Cette confection peut être reculée : le Gouvernement plus empressé de faire de bonnes lois que d'en faire promptement, a livré le projet à la critique du public : les observations peuvent donner lieu à des retards, nécessaires pour les corrections qu'il paraîtrait mériter; (il est impossible que dans un ouvrage aussi étendu, il ne soit échappé des imperfections, aux juris-consultes célèbres choisis pour sa rédaction.) 4°. A la publication du Code, il restera nombre de contestations à terminer suivant les anciennes lois. 5°. Dans les successions qui s'ouvriront par la suite, il s'élevera des difficultés à décider d'après les mêmes lois. On pourrait en donner une foule d'exemples : on se contentera du suivant. Le don mutuel fait entre époux pendant le mariage, sera-t-il valable? Il faudra distinguer s'il est antérieur ou postérieur à la publication du Code : s'il est postérieur, il sera nul, suivant le projet, *liv.* 3, *tit.* 9, *art.* 160 : s'il est antérieur, il sera valable, et les lois précédentes régleront ses effets ; d'où l'on voit que le présent Traité ne peut manquer d'être utile encore long-temps.

DES

DES AVANTAGES ENTRE ÉPOUX.

ARTICLE PRÉLIMINAIRE.

Changemens opérés par la loi du 17 nivôse sur les avantages entre époux. Objet et division du traité.

1. La faculté de s'avantager entre époux variait beaucoup dans les différentes provinces de la France.

Dans les pays coutumiers, elle était ordinairement illimitée par contrat de mariage. Hors contrat de mariage, plusieurs coutumes défendaient aux époux toutes donations, soit entre-vifs, soit testamentaires, à l'exception de quelques-unes nomément exprimées : d'autres leur défendaient les donations entre-vifs, et permettaient les testamentaires : d'autres permettaient les donations entre-vifs en certains cas, et avec certaines restrictions.

En pays de droit écrit, les époux avaient la faculté illimitée de s'avantager, soit par contrat de mariage, soit par testament. Dans le dernier état du droit romain, les donations entre-vifs que se faisaient les époux hors

A

le contrat de mariage, étaient assimilées aux donations
à cause de mort, et comme telles révocables à la
volonté du donateur ; mais elles avaient leur effet, lorsque le donateur était décédé sans les avoir révoquées :
elles furent admises en nos pays de droit écrit avec cette
modification, et le droit de ces pays n'avait pas été changé
par l'ordonnance de 1731 (1).

Lorsqu'on s'est proposé de ramener l'uniformité dans
cette matiére, deux réflexions se sont présentées. L'union
des époux étant la plus intime, il est conforme au vœu
de la nature, que l'époux puisse verser ses libéralités sur
son époux ; mais il ne faut pas non plus que l'affection

---

(1) En vain voudrait - on opposer que quelques auteurs,
notamment Pothier, *don. entre m. et f. n.* 6, ont regardé
ces donations comme nulles, attendu l'art. 3 de l'ordonnance de 1731, qui proscrit toute donation à cause de mort,
contenue dans un acte entre-vif autre qu'un contrat de mariage,
et que leur sentiment a été adopté par un arrêt du parlement de
Paris, que cite le même auteur, rendu en la troisième des
enquêtes, au mois d'août 1770.

La réponse est dans l'art. 46 de la même ordonnance, qui
excepte de ses dispositions *les donations entre mari et femme autrement que par le contrat de mariage.* Aussi les parlemens de droit
écrit s'étaient - ils maintenus dans l'usage de déclarer valables
pareilles donations, ainsi que le reconnaît Pothier lui-même,
ibid. Le parlement de Paris s'est conformé depuis à leur jurisprudence, par un arrêt du 25 mai 1781, rapporté avec détail
dans la nouvelle collection de Denisart, *tom.* 7, *don. à c. de
m.* §. 2, *n.* 7 : on y voit que le motif du jugement a été
l'art. 46 ci-dessus cité.

de l'époux le porte à dépouiller ses propres enfans, pour enrichir son conjoint. C'est pour concilier ces deux principes du droit naturel que la loi du 17 nivose, d'une part, accorde aux époux la faculté la plus illimitée de s'avantager par toute sorte d'actes, et, d'autre part, circonscrit cette faculté dans certaines bornes lorsque le donateur laisse des enfans.

C'était, sous l'ancienne législation, l'esprit général du droit français, de restraindre hors contrat de mariage, la faculté de s'avantager entre époux : on craignait pendant le mariage que l'un des deux ne se dépouillât lui-même inconsidérement de son bien pour enrichir son conjoint, soit par excès d'attachement pour lui, soit par l'effet de l'ascendant qu'il lui avait laissé prendre sur son esprit. On se serait moins éloigné de l'ancienne législation, sans s'écarter du vœu de la nature, si l'on n'eût permis aux époux, hors contrat de mariage, que les donations testamentaires. Quelle nécessité de leur laisser la faculté de s'avantager par des donations entre-vifs qui dépouillent à l'instant même de la propriété l'un des deux époux au préjudice de l'autre ?

Pareille faculté n'est pas utile, pendant le mariage, au donataire qui conserve l'objet donné, puisque, malgré la mutation de propriété, les deux époux continuent la jouissance en commun de l'objet donné : elle est superflue à l'égard du donataire survivant, auquel le prédécédé peut faire tel avantage qu'il jugera à propos, par des sitions à cause de mort.

La même faculté peut être utile, pendant le mariage, au donataire qui, oubliant les égards dus à son donateur, disposerait de l'objet donné, et priverait le ménage des ressources que sa jouissance devait procurer : elle peut être utile, après le mariage, aux héritiers du donataire prédécédé, à l'effet de jouir de l'objet donné au préjudice du donateur survivant.

Lorsqu'un époux fait des avantages à son époux, il ne prévoit pas le manque d'égards de son donataire ; il ne prévoit pas que la mort du donataire avant la sienne, enrichira de son vivant des étrangers (les héritiers de son époux) qu'il n'entend pas gratifier ; son but principal est de procurer un bien - être au donataire qu'il envisage devoir lui survivre, et qu'il préfère à ses propres héritiers. Pour remplir ce but, il suffit de laisser aux époux la faculté de s'avantager par acte de dernière volonté ; et ce, avec d'autant plus de raison, que dans ces actes l'excès de l'attachement et l'empire de l'ascendant sont peu à craindre à cause de la révocabilité des avantages qu'ils contiennent.

2. Pour déterminer l'effet des avantages entre époux, il faut distinguer les successions en trois classes différentes, les successions ouvertes avant le 14 juillet 1789, les successions ouvertes dans l'intervalle du 14 juillet 1789 à la promulgation de la loi du 17 nivose, et celles ouvertes depuis cette promulgation.

Les successions ouvertes avant le 14 juillet 1789 sont réglées pour les donations entre époux, et dans tous les autres points, par les lois qui lors étaient en vigueur.

3. Quel est le sort des avantages entre époux dans les successions ouvertes depuis la promulgation de la loi du 17 nivose ? Tel est l'objet du présent traité.

Il ne faut pas perdre de vue que la loi du 17 nivose continue d'être en vigueur à cet égard, nonobstant celle du 4 germinal an 8, qui détermine l'étendue des dispositions à titre gratuit , que l'on peut faire par actes entre-vifs ou de dernière volonté. L'art. 6 de cette dernière déclare qu'il n'est point dérogé aux lois qui concernent les dispositions entre époux.

4. Quant aux successions ouvertes dans l'intervalle du 14 juillet 1789 à la promulgation de la loi du 17 nivose , cette même loi avait établi des règles relatives à l'effet rétroactif ; mais cet effet rétroactif, depuis aboli , n'avait pas même été établi pour les avantages entre époux , comme on voit par l'art. 13 : ainsi, pour les successions ouvertes dans cet intervalle , le sort des avantages entre époux, est et a toujours été déterminé par les lois qui ont précédé celle du 17 nivose.

Dans cette seconde classe de successions, il faut distinguer celles ouvertes avant la publication de la loi du 5 brumaire an 2, et celles ouvertes depuis.

Pour les successions ouvertes dans l'intervalle du 14 juillet 1789 , à la publication de la loi du 5 brumaire an 2 , le sort des avantages entre époux doit être réglé par les lois anciennes, parce que la loi du 5 brumaire est la première des nouvelles, contenant des dispositions sur les avantages entre époux.

5. Pour les successions ouvertes dans l'intervalle de la publication de la loi du 5 brumaire an 2, à la publication de celle du 17 nivose, faut-il s'arrêter aux dispositions de la loi du 5 brumaire, ou à celles des lois anciennes ?

Si l'on consulte l'art. 61 de la loi du 17 nivose, on jugera que la loi du 5 brumaire ne peut avoir aucun effet. Il porte : « Au moyen des dispositions ci-dessus, » la loi du 5 brumaire dernier est déclarée comme non- » avenue. » Mais nombre de lois subséquentes, et notamment celles des 9 fructidor an 3, et 3 vendémiaire an 4, *art.* 12 , veulent que la loi du 5 brumaire ait son exécution, à compter du jour de sa publication. Ainsi , malgré le pré- jugé résultant de l'art. 61 ci-dessus cité, il faut tenir pour certain que la loi du 5 brumaire doit avoir son exécution, à compter de sa publication jusqu'à celle de la loi du 17 nivose qui l'a abrogée.

Les art. 2 et 3 de la loi du 5 brumaire ont beaucoup de rapport aux art. 13 et 14 de celle du 17 nivose , ayant plusieurs dispositions semblables. Néanmoins ils diffèrent en plusieurs points, notamment, 1°. en ce que l'art. 2 de la première réduit les avantages entre époux, *s'il y a enfans de leur union ;* l'art. 13 de la deuxième les réduit , *s'il y a enfans de leur union ou d'un précédent mariage :* 2°. en ce que l'art. 3 de la première permet aux époux de s'avantager par acte de dernière volonté ; et l'art. 14 de la deuxième leur permet de s'avantager par donations entre-vifs et testamentaires. D'où l'on voit que, pour les successions ouvertes dans l'intervalle de la publication de la loi du 5 brumaire à celle de la loi du 17 nivose, le sort des avantages entre époux est déterminé par des règles particulières, qui ne sont ni celles du droit ancien, ni celles de la loi du 17 nivose. Nous n'avons pas cru devoir nous occuper des successions ouvertes dans ce court intervalle de deux mois et demi , il y a déja plus de sept ans : nous nous sommes bornés aux avantages entre époux, dont il faut déterminer le sort dans les successions ouvertes depuis la loi du 17 nivose.

Nous demanderons à nos lecteurs la permission de nous énoncer, en quelques occasions, comme si cette variété de la législation pendant un si court espace de temps, n'avait pas eu lieu, et ce pour éviter des circonlocutions embarrassantes : les exemples qui seront donnés pour des époques antérieures à la loi du 17 nivose, seront choisis à des époques antérieures au 5 brumaire, afin qu'il ne reste pas de raison pour contredire leur application.

Le présent traité sera divisé en deux parties : il sera question dans la première des avantages entre époux considérés seuls ; dans la seconde, du concours de l'avantage fait à l'époux avec d'autres avantages.

PREMIERE PARTIE.

Des avantages entre époux considérés seuls.

Cette première partie sera divisée en six chapitres. On examinera successivement, 1°. les avantages qui peuvent avoir lieu entre époux ; 2°. la délivrance des biens qui s'y trouvent compris ; 3°. les avantages consistans en un simple usufruit ; 4°. les cas où les avantages entre époux sont sujets à réduction ; 5°. la manière d'opérer leur réduction ; 6°. quels sont les avantages entre époux sujets à la loi du 17 nivose.

CHAPITRE PREMIER.

Des avantages qui peuvent avoir lieu entre époux.

Les avantages qui peuvent avoir lieu entre époux proviennent de la volonté de l'homme, ou de la volonté de la loi.

SECTION PREMIÈRE.

Des avantages entre époux provenant de la volonté de l'homme.

6. Les avantages entre époux provenant de la volonté de l'homme, peuvent être consignés dans toutes sortes d'actes, soit entre-vifs, soit de dernière volonté. La loi autorise, *art.* 14, tous avantages entre époux, « soit qu'ils résultent des dispositions matrimoniales, soit qu'ils proviennent....de dons entre-vifs ou legs faits par un mari à sa femme, ou par une femme à son mari. » Elle marque spécialement les conventions matrimoniales, les donations entre-vifs postérieures, les donations testamentaires.

Voyons maintenant si, par exception, il n'y a pas quelque espèce particulière d'avantage que les époux ne puissent se faire.

7. L'époux peut-il, par donation simple hors contrat de mariage, donner à cause de mort, à son époux dans un acte entre-vifs ?

L'ordonnance de 1731 porte, *art.* 3 : « Toutes dona-
» tions à cause de mort, à l'exception de celles qui se
» feront par contrat de mariage, ne pourront doréna-
» vant avoir aucun effet, dans les pays même où elles
» sont expressément autorisées, que lorsqu'elles auront
» été faites en la même forme que les testamens et les
» codiciles : » l'art. 46 déclare ne vouloir rien innover,
à l'égard des donations entre mari et femme, autrement

que par contrat de mariage. De ces deux articles réunis se déduisait avant la loi du 17 nivose, la conséquence que l'époux ne pouvait, par donation simple hors contrat de mariage, donner à cause de mort à son époux, dans un acte entre-vifs, dans les lieux où pareille disposition n'était pas autorisée avant l'ordonnance de 1731, tels que Paris et le plus grand nombre des coutumes.

La loi du 17 nivose a-t elle entendu déroger en ce point à l'ordonnance de 1731 ? Elle autorise tous avantages entre époux provenant, *art.* 14, de dons entre-vifs ou legs faits par l'un des époux à l'autre. L'expression *dons entre-vifs* doit - elle se restreindre aux seules donations entre-vifs, ou bien faut-il l'étendre à tous les avantages par actes entre-vifs, soit donations entre-vifs, soit donations à cause de mort ? Tel est le point à décider : on peut donner des raisons pour et contre.

L'intention du législateur ; dira-ton d'un côté, est de permettre toutes sortes d'avantages ; il les détaille, il nomme de suite les dons entre-vifs et les legs : il est naturel de penser qu'il a entendu par *dons entre - vifs* toutes donations par actes entre-vifs, afin de rendre complète son énonciation des différens avantages. Ainsi l'époux peut, par donation simple hors contrat de mariage, donner à cause de mort, à son époux, dans un acte entre-vifs. Tel est le sentiment du citoyen Vermeil, qui (en son explication de la loi du 17 nivose, *ch.* 6, *sec.* 3, *n.* 6) admet, soit par contrat de mariage, soit par contrat postérieur, *la donation universelle, au profit du survivant, des biens qui se trouveront appartenir au pré-décédé.*

D'un autre côté, on dira : le législateur distingue, *art.* 1, les donations entre-vifs et les dispositions à cause de mort contenues dans un acte entre-vifs. Il les assujétit à des règles différentes ; et par suite de ces règles différentes dans l'art. 2, il emploie les mots *dons entre-vifs*, pour signifier les seules donations entre-vifs. Croira-t-on aisément qu'il ait voulu employer en l'art. 14 les mêmes mots dans un sens plus étendu ; qu'il ait voulu déroger, par cette signification plus étendue, à l'ordonnance de 1731 ? Son but était de régler l'étendue des avantages entre époux, et non pas de régler les formes de l'acte dans lequel ils seraient consignés : il n'a pas entendu changer ces formes. Toute donation qu'on aurait pu arguer de nullité, à défaut d'une formalité prescrite par l'ordonnance de 1731, est nulle depuis la loi du 17 nivose, comme auparavant. Ainsi, depuis la loi du 17 nivose, l'époux ne peut, par donation simple hors contrat de mariage, donner à cause de mort à son époux, dans les lieux où pareille disposition n'était pas autorisée par les lois avant l'ordonnance de 1731.

C'est à ce dernier sentiment, comme plus conforme à l'esprit du législateur et à la marche ordinaire des lois, qu'il faut s'arrêter : en conséquence ,

8. *Primo.* Dans tous les lieux, tels que Paris et autres, où la donation à cause de mort par acte entre-vifs, n'était pas autorisée par les lois, 1°. l'un des époux ne peut donner à l'autre, par donation simple conçue entre-vifs hors contrat de mariage, ses biens à venir, une part dans sa succession.

2°. Il ne peut pas non plus lui faire donation simple conçue entre-vifs hors contrat de mariage, *de la portion de ses biens dont la loi lui permet de disposer en sa faveur.* Pareille donation, quoique conçue entre-vifs, et revêtue des formalités des donations entre-vifs, n'en est pas moins donation à cause de mort, ainsi que nous l'avons établi dans notre explication de la loi du 4 germinal an 8, *n.* 82, pour les donations de tout le disponible.

Secundo. En pays de droit écrit, les donations entre-vifs que se faisaient les époux, valaient comme donations à cause de mort : ils pourront donc, à plus forte raison, se faire, par acte entre-vifs, de véritables donations à cause de mort, qui seront valables depuis la loi du 17 nivose, comme elles l'étaient auparavant, nonobstant l'ordonnance de 1731.

9. L'époux peut-il faire à son époux, hors contrat de mariage, donation simple et non mutuelle, conçue entre-vifs, de ses biens présens et à venir ?

L'ordonnance de 1731 déclare nulles, *art.* 15, pareilles donations, non-seulement pour les biens à venir, mais même pour les biens présens ; et ce, encore que le donataire eût été mis en possession du vivant du donateur desdits biens présens, en tout ou en partie. Cette disposition n'est point révoquée par la loi du 17 nivose, ni par les subséquentes : elle doit avoir son exécution dans l'espèce proposée. La circonstance que la donation dont il est ici question a été faite par un époux au profit de son époux, ne peut la rendre valable, parce que la loi est générale.

La seule exception est pour le cas où pareille donation, entre mari et femme, aurait eu sur le lieu son exécution avant l'ordonnance de 1731, dont l'art. 46 déclare ne rien innover aux donations entre mari et femme, autrement que par contrat de mariage.

10. Les époux peuvent-ils se faire un don mutuel hors contrat de mariage?

Le don mutuel est de sa nature donation à cause de mort, faite par convention entre les parties. Ce qui vient d'être dit sur les donations simples à cause de mort, s'applique au don mutuel ; en conséquence,

1°. Cette sorte de disposition gratuite continue de subsister dans les pays où elle était autorisée avant la loi, c'est-à-dire dans presque toute la France.

2°. Quant aux coutumes (telles que Normandie, *art.* 410, et Auvergne, *ch.* 14, *art.* 46) (1) où le don mutuel n'était pas admis, il n'y est pas plus autorisé qu'auparavant ; il ne pourra avoir son effet.

11. Avant la loi du 17 nivose, le don mutuel était assujéti, quant à l'étendue de ses dispositions, à plusieurs conditions dont l'inobservation entraînait la nullité entière de la convention. Maintenant ces conditions ne subsistent plus. Les époux peuvent se faire tels avantages que bon leur semblera : la convention faite a son exécution, sauf la réduction prescrite, en cas d'enfans.

---

(1) Pothier paraît mettre de ce nombre la coutume de Chartres, *don. entre m. et f. n.* 118. Mais il y a faute d'impression pour le nom de la coutume ; il cite les propres termes de l'article, comme étant le 14e du titre 3 : la coutume de Chartres n'est pas divisée par titres et articles de chaque titre, mais par articles chiffrés de suite les uns après les autres : d'ailleurs, son art. 87 autorise expressément le don mutuel.

Dans la coutume de Paris, par exemple :

Primo. Il fallait égalité dans les biens donnés. Maintenant il peut y avoir inégalité : l'un peut donner sa moitié dans la communauté, l'autre n'en donner qu'une portion de la sienne.

Secundo. Il fallait que le don mutuel fût limité aux effets communs. Maintenant le mari peut donner à la femme les effets communs ; et la femme donner au mari par la même convention, les effets communs, et ses propres : ou *vice versâ.*

Tertio. Le don mutuel ne pouvait être fait qu'en usufruit. Maintenant il peut être fait en toute propriété ; il a son entière exécution, s'il n'y a pas d'enfans.

Quarto. Le don mutuel ne pouvait avoir son effet quand il restait des enfans. Maintenant l'existence des enfans ne rend pas le don mutuel nul : il est seulement réductible aux termes des articles 13 et 14.

Quinto. Il fallait dans quelques coutumes que les deux époux fussent égaux, ou presque égaux en âge : cette condition était requise à cause de l'égalité parfaite qu'elles désiraient entre les deux avantages réciproques. Maintenant que cette égalité n'est plus dans le vœu de la loi, la condition de l'égalité d'âge s'évanouit pareillement ; et dans ces coutumes, les époux d'une grande disproportion d'âge, peuvent présentement se faire valablement un don mutuel.

12. Le don mutuel fait pendant la dernière maladie du défunt, est-il valable ?

Sous l'ancienne législation, il était déclaré nul : la raison était que, par une pareille disposition, le moribond éludait la défense de la loi, en déguisant, sous l'apparence d'un avantage mutuel dont sa maladie lui ôtait toute espérance de profiter, l'avantage simple qu'il ne pouvait faire au survivant par acte de dernière volonté : aussi, la plupart des coutumes exigeaient, comme celle de Paris, *art.* 280, que les deux époux fussent en santé au moment du don mutuel. Mais cette raison ne subsiste plus à cause de la liberté accordée aux époux de s'avantager par acte entre-vifs et de dernière volonté : ainsi le don mutuel est valable, quoique fait pendant la dernière maladie de l'un des deux époux.

En vain voudrait-on opposer : le don mutuel n'est pas un contrat de bienfaisance, mais un contrat commutatif *do*, *ut des*, ainsi que le décide Ricard, *don mut. n.* 2 : les deux donations qu'il contient sont la condition l'une de l'autre. Je vous donne à condition que vous me donnerez : je vous donne, en cas de prédécès, dans l'espérance de profiter de votre donation en cas de survie. Si cette espérance est entièrement nulle de mon côté, je donne pour un prix qui n'a rien de réel; et, dans le fait, je ne donne pas, parce que ma volonté est de donner pour une espérance réelle. C'est ce qui arrive lorsque l'un des deux époux, dangereusement malade au moment du don mutuel, vient à mourir de la même maladie; il n'avait pas au moment du don mutuel, il n'a eu en aucun instant l'espérance raisonnable de survivre à son conjoint : le don mutuel par lui consenti, dans cette fausse espérance, ne peut produire effet.

Cette objection n'est pas fondée : le don mutuel n'est pas un contrat intéressé de part et d'autre, mais un véritable contrat de bienfaisance, comme l'établissent Pothier, *don. entre m. et f. n.* 130, et Pigeau, *proc. civ. tom.* 2, *p.* 233. C'est par l'intention des parties qu'il faut juger de la nature des contrats. Dans le don mutuel, la principale intention de chacune des parties est de faire, après sa mort, du bien à l'autre partie qui viendrait à lui survivre : c'est l'affection réciproque qu'elles ont l'une pour l'autre qui les porte à faire cette convention. Elle contient deux donations que chacune d'elles fait à l'autre, en cas de survie : quoique ces donations soient mutuelles, et la condition l'une de l'autre, elles n'en sont pas moins de véritables donations, parce qu'elles ont pour principe la bienfaisance, qui fait le caractère des donations. On ne peut révoquer en doute cette décision : le don mutuel, comme donation, a toujours été sujet à l'insinuation légale. Ainsi la nature du don mutuel n'empêche pas sa validité, quoique consenti pendant la dernière maladie de l'un des deux époux. Le malade espérait en revenir : il n'est que trop ordinaire de se flatter dans les maladies les plus dangereuses : on ne peut pas dire qu'il prenne cette voie pour frauder la loi, puisqu'il a la faculté de faire à son époux tel avantage simple que bon lui semble, soit par acte entre-vifs, soit par testament.

13. Un époux peut-il instituer son époux pour son héritier ?

L'art. 61 de la loi du 17 nivose abolit toutes lois, coutumes, usages et statuts relatifs à la transmission des biens par succession. Il veut que la succession soit déférée, et qu'il soit procédé au partage selon les règles qui vont être établies ; aussi cette loi ne reconnaît pas d'autre

héritier

héritier, que celui qu'elle désigne elle-même. L'institution du conjoint pour héritier, faite par la volonté de l'homme, est faite en contravention à la loi : elle est nulle, et ne peut avoir effet.

En vain on opposerait que l'article 14 de la même loi met l'institution au nombre des avantages que peuvent se faire les époux. Si le mot *institution* a été inséré dans cet article, il est relatif à la rétroactivité ; et depuis la suppression de la rétroactivité, il doit être considéré comme non écrit. L'article porte : « A l'égard de tous autres avantages recueillis postérieurement (au 14 juillet 1789) ou qui pourraient avoir lieu à l'avenir, soit qu'ils résultent des dispositions matrimoniales, soit qu'ils proviennent d'*institutions*, dons entre-vifs ou legs faits par un mari à sa femme, ou par une femme à son mari, ils obtiendront également leur effet, sauf néanmoins. . . . . S'il était question seulement des avantages qui pourraient avoir lieu à l'avenir, on en pourrait peut-être conclure que la loi, par une faveur particulière aux époux, aurait voulu leur accorder la faculté, refusée à tout autre, de faire une institution d'héritier en faveur l'un de l'autre, parce que, sans cette explication, le mot *institution* serait vuide de sens. Mais il n'en est pas ainsi : on peut lui donner un sens raisonnable, sans cette explication forcée. Il est question dans l'article, non-seulement des avantages qui auront lieu à l'avenir, mais encore de ceux échus et recueillis depuis le 14 juillet 1789 : le mot *institution* s'applique naturellement à ces avantages antérieurs dans un temps où les lois autorisaient l'institution d'héritier ; mais il ne se rapporte pas aux avantages qui auront lieu à l'avenir. Nulle

Des avantages entre époux. B

nécessité de rendre le décret contradictoire à lui-même. Le législateur ne veut aucune exception au principe par lui posé, que la loi seule défère immédiatement les successions ; le mot *institution* se trouve avoir, dans le présent article, un sens raisonnable, sans admettre une dérogation à ce principe : ainsi nul doute que l'institution contractuelle postérieure à la loi du 17 nivose, ne soit nulle.

14. L'institution d'héritier en faveur de l'époux, qui ne peut avoir lieu comme institution, aura-t-elle effet au moins comme donation, comme legs ?

Celui qui fait une institution ne fait pas une donation, un legs. Sa disposition ne pouvant valoir, sous le titre qu'il lui a donné, ne doit pas avoir effet sous un autre titre. Telle est la rigueur des principes.

Néanmoins il y avait été dérogé, dans l'ancienne législation, pour l'institution testamentaire. On pensait qu'il fallait avoir plus d'égard à la véritable intention du testateur, de gratifier la personne qu'il avait désignée, qu'aux mots dont il s'était servi, et que sa libéralité devait avoir son exécution sous le titre autorisé par la loi : en conséquence, l'institution testamentaire était valable comme legs, pour les biens situés dans les pays où elle ne pouvait valoir comme institution. Ce principe avait été adopté par l'ordonnance des testamens, *art.* 68 *et* 71. Faut-il l'admettre dans la question proposée ?

L'esprit de la loi du 17 nivose s'y oppose. Toute disposition contraire à son texte ne peut avoir d'effet. On a même été jusqu'à statuer (loi du 18 pluviose, *art.* 4) que les dispositions universelles excédentes la quotité disponible, consignées dans un testament antérieur, devaient être refaites et circonscrites dans les bornes de la loi; qu'elles étaient nulles pour le tout, faute d'avoir été refaites, hors quelques cas particuliers: à plus forte raison doit-on refuser effet aux dispositions dont le titre est réprouvé au moment de la confection du testament. Ainsi l'institution testamentaire d'héritier, faite en faveur d'un époux ou de tout autre, ne peut avoir effet comme legs.

Pareillement l'institution contractuelle, qui ne peut avoir lieu comme institution, n'aura pas effet comme donation.

En vain dira-t-on que l'institution d'héritier, faite par contrat de mariage, est une donation de biens à venir; que l'institution d'héritier, faite par un testament, est un legs universel; que l'époux peut profiter de la donation de biens à venir, contenue dans son contrat de mariage, d'un legs universel que lui aurait fait le défunt; et qu'ainsi il doit pareillement profiter de l'institution contractuelle et de l'institution testamentaire, qui ne diffèrent que de nom des deux avantages dont on ne peut contester la légalité.

Avec de pareilles subtilités, on éluderait la disposition de la loi, qui ne reconnaît d'autre héritier que celui qu'elle nomme; qui interdit aux citoyens la faculté de se nommer un héritier; qui, par-là même, interdit à l'héritier, nommé contre sa défense, la faculté de profiter de la libéralité du défunt, soit à titre d'héritier, soit à un autre titre qu'il substituerait à celui d'héritier : ce serait une dérision de vouloir éluder la loi, en donnant au titre défendu, effet sous une autre dénomination,

L'institution d'héritier diffère d'ailleurs de la donation des biens à venir, par sa nature et ses effets. L'institué est saisi de tous les biens de la succession, suivant la règle, *le mort saisit le vif;* il succède à la personne comme l'héritier légal: il est tenu des dettes indéfiniment, et au-delà des forces de la succession ; ce n'est qu'en obtenant le bénéfice d'inventaire qu'il acquiert le privilège de n'en être tenu que jusqu'à concurrence de l'émolument. Le donataire des biens à venir n'est pas successeur à la personne, il est seulement successeur aux biens ; il n'est tenu de payer les dettes qu'à cause de la détention des biens, *bona non intelliguntur nisi deducto ære alieno :* ainsi il ne peut de droit en être tenu au-delà de l'émolument qu'il en retire. Le légataire universel a le même avantage; et d'ailleurs il n'est pas saisi, il faut qu'il demande délivrance à l'héritier.

15. Les avantages entre époux sont sujets comme toutes les autres donations, au décret du 5 septembre 1791, qui défend, et veut qu'on regarde comme non écrite, « toute clause impérative ou prohibitive, qui serait con-
» traire aux lois ou aux bonnes mœurs, qui porterait
» atteinte à la liberté religieuse du donataire, héritier ou
» légataire, qui gênerait la liberté qu'il a, soit de se marier
» même avec telle personne, soit d'embrasser tel état,
» emploi ou profession, ou qui tendrait à le détourner
» de remplir les devoirs imposés, et d'exercer les fonc-
» tions déférées par la Constitution aux citoyens actifs
» et éligibles. » En conséquence, l'époux ne peut imposer à son époux l'obligation de rester en viduité, soit à perpétuité, soit même pour un temps limité.

16. La loi 2, C. *de secund. nupt. lib.* 5, *tit.* 9, pro-

nonce contre la femme qui se remarie dans l'année de son veuvage, la déchéance de tous les avantages légaux ou conventionnels, qui lui sont assurés sur les biens de son mari. Le décret ci-dessus a-t-il aboli cette disposition des lois romaines?

Ce décret en déclarant nulles les clauses qui gêneraient la liberté de se marier, n'entend parler que des clauses apposées par les donateurs, et non pas de celles apposées par les lois : elle n'a pas aboli ces dernières ; elles doivent continuer d'avoir leur exécution. La disposition contenue en la loi romaine ci-dessus citée, doit avoir d'autant plus son exécution, qu'elle est conforme aux bonnes mœurs : l'honneur du mariage et le respect que doit la veuve survivante à la mémoire de son époux, ne lui permettent pas de courir précipitamment entre les bras d'un second.

Ces principes ont servi de motif à deux jugemens, l'un en première instance, l'autre sur l'appel, qui ont prononcé la déchéance de l'institution testamentaire contre Marie-Anne Lafont, qui s'était remariée avant l'année révolue du décès de son mari, arrivé le 28 octobre 1793 ; et au jugement du tribunal de cassation, du 29 brumaire an 9, qui a rejeté son pourvoi. Voyez le détail de cette affaire au Recueil de Jurisprudence des citoyens Sagnier et Thevenin, *tom.* 1er. *n*º. 10, *p.* 117.

SECTION II.

Des avantages entre époux provenant de la volonté de la loi.

17. L'ancien droit admettait plusieurs avantages qui, par le seul fait du mariage, et sans aucune convention, avaient lieu entre époux, au profit du survivant, sur les biens du prédécédé. Ces avantages n'ont plus lieu maintenant, d'après l'art. 61 de la loi du 17 nivose, qui proscrit tout avantage légal, toute transmission statutaire, à titre gratuit, pour n'admettre que la succession.

Lorsqu'on lit le texte de cet article, on est porté à croire qu'il ne contient pas la décision qui vient d'être énoncée. « Toutes lois, coutumes, usages et statuts, y est-il dit, relatifs à la transmission des biens par succession ou donation . . . . sont abolis, sauf à procéder aux partages des successions . . . . . . selon les règles qui vont être ci-après établies. « La transmission des biens à titre d'avantage légal, autre que la succession, n'est pas transmission à titre de donation, ayant sa source dans la volonté de la loi, et non dans celle de l'homme ; ainsi les avantages légaux ne paraissent pas avoir été abolis par cet article.

Le défaut d'énonciation précise des avantages légaux est d'autant plus étonnant, que le 11 frimaire précédent, sur l'observation d'un membre, que les nouvelles lois sur les successions ne comprenaient pas le droit de tiers-coutumier (1), et autres droits propres aux enfans sur la succession de leurs ascendans, la Convention avait renvoyé au comité de législation pour faire incessamment un rapport sur le sort de ces droits. On avait lieu de s'attendre que la loi du 17 nivose, rendue deux mois après, s'expliquerait, soit directement, soit indirectement, sur les avantages légaux résultant des contrats de mariages, ou au moins sur le tiers-coutumier, le douaire et autres droits pareils.

Plusieurs ont pensé dans le temps, que l'abolition de ces droits était conforme à l'esprit de la loi, et que c'était le cas, pour lever toute difficulté, de la prononcer par une loi subséquente.

Une première pétition fut présentée, tendante à ce que la loi prononçât formellement sur la conservation ou l'abolition du tiers-coutumier, qui, en certains lieux, assurait aux enfans une portion des biens de leur père, en rendant dans ses mains cette portion non susceptible des transactions commerciales ordinaires. Il fut répondu, *décr. du 22 vent.*, 49ᵉ *disp.*, qu'il ne peut y avoir qu'une législation uniforme; et que l'art. 61 abolissant les transmissions statutaires, la question se trouvait résolue par ce seul point (pour l'abolition du tiers-coutumier.)

Une seconde pétition fut adressée, tendante à ce que les coutumes, qui établissaient un douaire même en faveur

____

(1) Le *tiers-coutumier* était, comme on sait, l'expression usitée dans la ci-devant Normandie, pour exprimer le douaire fixe au tiers par la coutume de cette province, *art.* 399.

des enfans, fussent déclarées abolies. Il fut répondu, 9 *fruct. disp.* 24ᵉ, que l'article 61 de la loi du 17 nivose ramène tout à l'uniformité par l'abolition des coutumes, sur le fait des dispositions, depuis sa promulgation (1); et qu'ainsi la question proposée se trouve affirmativement décidée par les termes généraux de la loi.

Ces deux explications données par les législateurs eux-mêmes, ne laissent pas lieu de douter que, par l'art. 61, ils n'aient entendu abolir toute transmission statutaire des biens du défunt, réglée par les lois anciennes, et transmettre la totalité de ses biens à ceux désignés héritiers par les articles suivans, sans aucun égard aux statuts qui les transféraient, sous un autre titre, à toute autre personne; en conséquence, abolir tout avantage légal résultant des lois précédentes.

18. Le vrai sens de l'art. 61 étant fixé, on voit qu'il n'y a plus lieu au profit, soit du survivant, soit des enfans, aux avantages résultant de la seule volonté de la loi. Tels sont entre autres,

Primo. Le douaire : il en résulte, à l'égard des mariages postérieurs à la publication de la loi, 1°. que la femme et les enfans ne peuvent réclamer comme douairiers les héritages qui auraient été sujets au douaire, suivant les anciennes lois; 2°. que le mari en a conservé la pro-

____

(1) On a cru devoir substituer les mots, *depuis sa promulgation*, à ceux, *depuis le 14 juillet* 1789, qui sont dans le texte du décret: cette substitution devient nécessaire, depuis que l'effet rétroactif de la loi a été anéanti.

priété , la pleine et entière disposition ; 3°. que les créanciers hypothécaires du mari ont sur ces héritages les mêmes
droits que sur ses autres biens.

Secundo. Le tiers-coutumier qui avait lieu, soit en faveur
de la femme, soit en faveur des enfans : il faut lui appliquer
les décisions précédentes sur le douaire.

Tertio. Le préciput sur la communauté , accordé par
quelques coutumes (Maine, *art.* 299, Anjou, *art.* 283, etc.)
sans distinction de qualité. Celui accordé par le plus grand
nombre, à raison de la qualité , s'était précédemment éva-
noui avec la qualité à laquelle il était attaché.

Quarto. Le droit de viduité que l'art. 382 de la coutume de Normandie accordait au mari survivant, qui avait
eu de sa femme enfant né vif.

19. *Quinto.* En faut-il dire autant du deuil établi par
l'usage en faveur de la veuve ?

Le deuil n'est pas un avantage proprement dit, mais
l'acquit d'une charge de la succession du mari ; il fait partie
des frais funéraires : à ce titre , il jouit sur les meubles du
mari du même privilège que les frais funéraires. Au même
titre , il n'est pas compris dans la suppression des avantages résultant d'un usage ayant force de loi.

20. Les avantages légaux, usités en pays de droit écrit,
sont supprimés comme ceux usités en pays coutumiers.
Tels sont entre autres ,

Sexto. L'augment de dot ; il était un gain de survie que
la veuve prenait de droit sur les biens de son mari , en
récompense et en proportion de sa dot, et qui, après sa
mort, passait à ses enfans : il n'a plus lieu maintenant ,
ni en faveur de la veuve , ni en faveur des enfans.

Cet avantage ressemblait beaucoup au douaire : mais il en différait en plusieurs points, notamment en ce que la veuve, qui ne se remariait pas, avait dans l'augment en propriété une part d'enfant ; au lieu que la veuve remariée ou non, n'avait jamais que l'usufruit du douaire.

Septimo. Le contre-augment : il était la faculté accordée au mari survivant, de retenir une portion de la dot de sa femme.

21. Souvent les futurs époux substituaient à l'avantage légal un avantage conventionnel du même nom, qui en avait les prérogatives. Peut-il y avoir lieu maintenant à ces avantages conventionnels ?

Lorsque les époux stipulent un pareil avantage, ils ont deux intentions : l'une, de faire une donation ; l'autre, d'assurer à cette donation les prérogatives dont jouissait autrefois l'avantage, dont ils lui ont donné le nom. La première intention n'est pas contraire à la loi : elle peut et doit avoir son exécution, parce que les époux ont la faculté de se faire toutes sortes de donations. La seconde intention contraire au vœu de la loi, ne peut avoir son exécution : l'avantage stipulé ne jouira pas des prérogatives que lui assuraient les lois anciennes ; il aura lieu seulement comme donation ordinaire, et en suivra les lois.

En vain dira-t-on que l'avantage stipulé comme douaire ou autrement, ne pouvant valoir dans la qualité de douaire, ou autre qu'on lui a donnée, ne peut avoir effet sous une autre qualité, ainsi que l'avantage stipulé comme institution, ne peut valoir sous aucune autre qualité. Il y a de la différence entre la stipulation de douaire et la stipulation d'institution. L'institution est donation de succession ; elle est directement contraire à la loi, qui se réserve à elle seule le droit de déférer les successions. La stipulation de douaire, au contraire, est donation à laquelle on veut attacher les privilèges du douaire, dont on lui donne le nom : comme donation, elle est permise : il n'y a de contraire à la loi que les privilèges du douaire que le donateur a voulu y attacher, mais dont elle ne peut jouir : elle n'en est pas moins valable en elle-même, et sera exécutée comme donation ordinaire, dont elle suivra les lois.

Un contrat de mariage, par exemple, passé le 8 vendémiaire an 3, porte la clause suivante :

« La future épouse aura *à titre de douaire* préfix, 500 l.
» de rente (*ou* la jouissance de telle maison, telle ferme)
» dont la propriété appartiendra aux enfans à naître du
» mariage. »

L'avantage stipulé n'aura pas les prérogatives dont jouissait le douaire ; mais il subsistera comme donation ordinaire de l'usufruit à la veuve, et de la nue-propriété aux enfans : en conséquence,

22. *Primo.* Il sera, par rapport à l'usufruit de la veuve, sujet à l'insinuation légale, quoique le douaire n'y fût pas sujet.

A quelle époque, et dans quel bureau la stipulation de douaire sera-t-elle sujette à l'insinuation légale ?

Le revenu viager du douaire est accordé à la femme, au cas qu'elle survive à son mari. Ce n'est pas ici une donation absolue et de biens présens, c'est au contraire une donation conditionnelle, *un don de survie fait dans le contrat de mariage, par le mari à sa femme.* En cette qualité, d'après les lettres patentes du 3 juillet 1769, pareille donation est exempte, jusqu'au jour du décès du donateur, de la formalité de l'insinuation, soit au domicile des contractans, soit aux bureaux des lieux, de la situation des biens donnés : mais elle doit, à peine de nullité, être insinuée au domicile du donateur, dans les quatre mois, à compter du jour de son décès.

23. *Secundo*. Pareille donation à l'égard des enfans, n'est point sujette à insinuation, à cause de l'art. 19 de l'ordonnance de 1731, qui exempte de la formalité de l'insinuation les donations faites par contrat de mariage, en ligne directe.

24. *Tertio*. Le douaire accordé aux enfans à naître du mariage, sera sujet en faveur des enfans des autres lits, aux mêmes rapport et réduction que les donations : ainsi,

1°. Si la succession du père s'est ouverte dans l'intervalle de la publication de la loi du 17 nivose à la publication de celle du 4 germinal an 8, les enfans issus du mariage, soit qu'ils acceptent, soit qu'ils renoncent à sa succession, seront tenus d'en faire le rapport aux enfans des autres lits.

2°. Si la succession est ouverte depuis la publication de la loi du 4 germinal an 8, ils pourront cumuler l'avantage du douaire avec le titre d'héritier; mais il sera réductible aux termes de l'article premier de la même loi, à une quotité plus ou moins forte, suivant le nombre des enfans.

25. L'avantage conventionnel auquel on donne le nom d'un avantage légal supprimé, étant valable, seulement

comme avantage ordinaire, sans avoir les prérogatives attribuées par les lois précédentes, il est bien plus simple que les parties expriment leur volonté par d'autres termes: nulle nécessité de conserver l'ancienne dénomination, rappelant des droits qui n'existent plus, et pouvant par cette raison donner lieu à des difficultés.

On en peut donner pour exemple, dans la clause ci-dessus rapportée, *n.* 21, la question de savoir si les enfans qui veulent réclamer contre les créanciers de leur père, les 500 liv. de rente, la terre ou la maison qui constituent leur douaire, doivent renoncer à la succession de leur père. Si le contrat de mariage ne portait pas l'expression de *douaire*, la décision ne souffrirait pas de difficulté : c'est ici une donation pure et simple que les enfans peuvent cumuler avec le titre d'héritier, sans que les créanciers puissent s'en plaindre. Mais il en est autrement : le mot *douaire*, dont s'est servi le père dans son contrat de mariage, rend la donation conditionnelle : elle est faite aux enfans, au cas qu'ils renoncent à la succession du donateur : telle est l'intention manifeste du père, qui en donnant à sa donation le titre de douaire, a voulu y apposer les mêmes conditions qu'au douaire. Néanmoins cette interprétation peut paraître douteuse aux parties intéressées : les enfans voudront peut-être soutenir la proposition contraire, la suppression du mot *douaire* dans le contrat de mariage, et la substitution de la clause, *au cas qu'ils renoncent à la succession de leur père*, auraient levé toute difficulté. Les enfans ont de droit, vis-à-vis des créanciers, l'avantage de jouir de l'objet à eux assuré même en acceptant : si le père veut qu'ils ne puissent en profiter qu'en renonçant, c'est à lui d'en faire une clause expresse de la donation qu'il consent en leur faveur, au lieu de se servir de l'expresion *douaire*, capable de donner lieu à des contestations.

CHAPITRE II.

Délivrance des biens compris dans les avantages entre époux.

26. L'époux survivant est donataire entre-vifs, ou à cause de mort.

L'époux donataire entre-vifs reçoit immédiatement de son époux, et de son vivant, la propriété de la chose donnée : à la mort du donateur, sa propriété continue : il n'a pas à former contre l'héritier de demande en délivrance, d'un objet dont il est déja saisi.

Cette décision s'applique aux donations de nue-propriété, à cause de la rétention d'usufruit faite par le donateur. Le donataire a été saisi du vivant du donateur, de la nue-propriété : à la mort de celui-ci, sa nue-propriété continue ; l'usufruit s'y réunit par la mort de l'usufruitier, et le donataire devient plein propriétaire par l'accession de l'usufruit à la nue-propriété dont il était précédemment saisi ; il a donc la possession civile : il n'a pas de délivrance à demander ; il peut s'en emparer *de plano*. Si les héritiers du donateur s'y opposent, et en retiennent la possession, c'est de leur part une détention purement naturelle, et non une possession civile.

27. L'époux légataire reçoit son avantage des mains de l'héritier saisi par la loi, de tous les biens de la succession : il lui en demande la délivrance.

28. Il en est de même de l'époux donataire à cause de mort, par acte entre-vifs. La saisine de l'héritier s'étend à tous les biens que possédait le défunt au moment de sa mort : et du nombre de ses biens sont ceux compris dans la donation à cause de mort, dont la propriété ne peut être transférée au donataire du vivant du donateur.

29. On fait dans l'usage exception à ce principe, pour les donations à cause de mort, contenues dans un contrat de mariage au profit de l'un des époux. Ces donations saisissent de plein droit le donataire à l'époque du décès du donateur : il n'a pas de délivrance à demander à l'héritier. Voyez Pothier, *don. entre m. et f. n.* 199 ; et Pigeau, *proc. civ. du ch. tom.* 2, *p.* 379 *et* 384.

Le donataire par contrat de mariage n'ayant pas de délivrance à demander, peut s'emparer *de plano* des immeubles à lui donnés.

30. Il n'en est pas de même des meubles. La donation peut être en usufruit seulement, ou en propriété.

Si elle est en usufruit seulement, le donataire par contrat de mariage ne peut s'en emparer : il est préalablement nécessaire d'en faire l'estimation, afin de constater la somme à restituer à l'héritier, après la mort de l'époux donataire.

Si la donation est en toute propriété, il n'y a point d'estimation préalable à faire. Néanmoins l'héritier a droit de s'opposer à la main-mise de fait du donataire, qui l'exposerait au paiement indéfini des dettes : il a droit de les faire comprendre dans un inventaire, afin de pouvoir jouir, s'il y a lieu, du bénéfice d'inventaire, sauf au donataire à lui en demander la remise après l'inventaire.

Si par événement l'héritier ne juge pas à propos de faire l'inventaire, le donataire du mobilier peut l'y contraindre, parce qu'il s'exposerait lui-même au recours des créanciers (1).

Si l'héritier et le donataire sont d'accord de ne pas faire inventaire, alors l'héritier n'a plus de raison pour différer la remise des meubles au donataire qui la lui demande.

31. Le donataire entre-vifs et le donataire à cause de mort, par contrat de mariage, perçoivent les fruits, à compter du jour du décès : le premier, parce qu'il était précédemment saisi ; le second, parce qu'il l'est au même instant.

Le survivant légataire ne gagne les fruits, comme tout autre légataire, que du jour de sa demande en délivrance.

32. Le survivant donataire à cause de mort, par tout autre acte entre-vifs que son contrat de mariage, ne gagne pareillement les fruits que du jour de sa demande en délivrance, ou exécution de sa donation : son état, à cet égard, est le même que celui du légataire, étant, comme lui, donataire d'un objet à recevoir des mains de l'héritier.

---

(1) C'est un principe reconnu que le donataire de tous les meubles est considéré comme donataire universel, et en cette qualité sujet à la contribution aux dettes, à proportion de l'émolument. Voyez Argou, *liv.* 2, *ch.* 28, *p.* 517 ; Lebrun, *suc. liv.* 4, *ch.* 2, *sect.* 2, *n.* 46 ; et Pothier, *suc. ch.* 5. *art.* 2, §. 3.

Cette

Cette demande ne peut être formée qu'après l'insinuation : on ne peut poursuivre l'exécution d'une donation qui n'est pas encore revêtue de toutes les formalités légales pour assurer cette même exécution. Si la demande est formée avant l'insinuation , le demandeur doit être déclaré, quant à présent, non-recevable.

33. L'héritier, en général, a le choix de deux manières pour satisfaire les légataires de sommes de deniers; l'un , de les payer de sa bourse, en conservant les biens de la succession ; l'autre, de laisser vendre les biens pour l'acquit des legs, parce que les legs ne sont dus que sur le bénéfice de la succession, et deviennent caducs du moment que l'héritier ne conserve aucun bénéfice de la succession.

L'héritier, en général, a le choix des deux mêmes manières pour payer les sommes données entre-vifs par le défunt , avec rétention d'usufruit pendant sa vie , parce que le donataire ne peut exercer ses droits que sur les biens du donateur , dont il a été fictivement saisi de son vivant , jusqu'à concurrence de la somme donnée.

L'enfant héritier a , vis-à-vis du conjoint avantagé , l'option de ces deux manières, d'acquitter la somme léguée ou donnée entre vifs , soit intégralement si l'avantage n'est pas réductible, soit pour la portion à laquelle il est réductible.

CHAPITRE III.

Avantages en usufruit. Restitution à la mort du survivant des biens qui le composent. Caution à donner pour cette restitution.

34. L'avantage fait au survivant sera souvent un avantage en simple usufruit, soit parce que le prédécédé l'aura ainsi réglé, soit parce que fait en propriété, il sera réduit en cas d'enfans, à un simple usufruit, comme il sera expliqué ci-après.

Les biens compris en pareil avantage sont des immeubles, des meubles, ou une somme de deniers.

Le survivant se trouve déja, ou est mis en possession des immeubles : il en perçoit les revenus; et à sa mort, les fonds sont rendus par ses ayans-cause aux héritiers du prédécédé.

Usufruitier, il est tenu de toutes les charges de l'usufruit, contribution foncière, réparations viagères, et autres.

35. Le survivant touche, en qualité d'usufruitier, le revenu des choses-meubles susceptibles de l'usufruit, comme les rentes perpétuelles; et après sa mort, l'héritier du prédécédé en reprend la jouissance, et touche les revenus.

36. Quant aux choses-meubles qui ne sont pas susceptibles de l'usufruit proprement dit, comme les choses fungibles ou quasi fungibles, qui se consument entièrement, ou qui s'altèrent par l'usage qu'on en fait, le quasi usufruit dont on les a rendues susceptibles, consiste dans l'abandon de ces choses, fait à l'usufruitier, à la charge par lui d'en rendre la valeur à la fin de l'usufruit.

Il en est de même de l'argent qui est fungible en ce sens, que celui qui en fait usage le consomme, à son égard, par la dépense qu'il en fait.

37. Le survivant est-il obligé de donner caution pour la restitution de l'argent, et de la valeur des choses fungibles et quasi fungibles, comprises dans son usufruit ?

La caution pour cette restitution est de droit : elle dérive de la nature du quasi usufruit, dont on a rendu ces choses susceptibles. Il est bien juste que l'usufruitier, qui par événement, et contre la nature de l'usufruit, a la libre disposition de la chose sujette à son usufruit, assure par la présentation d'une caution, la restitution de la valeur qu'il doit en faire par la suite. La loi du 17 nivose n'en exempte pas le survivant ; il ne peut se dispenser de la donner.

38. La caution que présente le conjoint usufruitier aux héritiers de son mari, doit être une caution suffisante, bonne et solvable, en état de répondre du montant de la restitution. Mal-à-propos présenterait-il une caution bannale, un homme de paille : pareille caution ne présente aucune sûreté.

Le conjoint usufruitier ne peut pas offrir sa caution juratoire. Pareille caution, qui dans le fait n'en est pas une, ne peut être autorisée que dans les cas marqués par la loi ; et la loi du 17 nivose n'en fait aucune mention.

39. Le survivant est-il obligé de donner caution pour la restitution des immeubles ?

Le survivant ne peut disposer valablement des immeubles sujets à son usufruit. L'héritier est certain de retrouver ces objets immobiles par leur nature : point de caution nécessaire : elle n'est pas exigée par la loi ; elle ne peut avoir lieu.

40. Le survivant est-il tenu de donner caution pour les dégradations qu'il pourra commettre sur les immeubles dont il a droit de jouir ?

Cette caution n'est pas nécessaire. Les dégradations peuvent n'avoir pas lieu : l'héritier peut y veiller ; aussitôt qu'elles surviennent, il a droit de se plaindre, d'obliger l'usufruitier à y remédier. La loi n'oblige pas le survivant à donner caution pour cet objet ; on ne peut l'y contraindre.

41. Il y a des fonds dont le possesseur ne jouit pas à perpétuité, mais seulement pendant un certain temps, et qu'on peut appeler avec Pothier, *fonds perdus ;* tels sont les héritages dont on jouit en vertu d'un bail à longues années, d'un droit d'usufruit et les rentes viagères. Les fruits de ces fonds perdus sont de véritables revenus : par cette raison, ils sont assujétis à toutes les impositions des revenus, à la charge de celui qui a droit d'en jouir : par la même raison, lorsque ces biens sont propres de communauté, les fruits qu'ils produisent tombent en entier et sans indemnité, dans la communauté

usufruitière des biens non communs. Par la même raison, lorsque le survivant donataire ou légataire en usufruit perçoit les fruits de pareils fonds pendant la durée de son usufruit, il les acquiert pleinement en leur qualité de revenu, sans être tenu pour raison de cette perception, à aucune indemnité envers les héritiers du prédécédé à la fin de son usufruit. La loi du 17 nivose permettant à l'époux, *art.* 13, de donner à son époux la moitié de son *revenu*, nul doute que les fruits des fonds perdus faisant partie du revenu du donateur, ne puissent être compris en entier et sans restitution, dans l'avantage qu'il fait au survivant.

On conviendra volontiers de cette décision pour les fonds perdus, qui ne sont pas constitués sur la tête du survivant donataire des revenus, tel que le restant d'un bail à longues années, l'usufruit constitué sur la tête d'un tiers.

On voudra peut-être la contester pour les fonds perdus constitués sur la tête du survivant, et dont le bénéfice doit s'éteindre par sa mort. Lorsque la jouissance de pareils fonds se trouvait comprise dans l'usufruit du don mutuel, elle donnait lieu, dans l'ancien régime, à une indemnité en faveur des héritiers du prédécédé : il doit en être de même, dira-t-on, en pareil cas à la fin de l'usufruit que la loi du 17 nivose permet au premier mourant de laisser au survivant.

Cette indemnité accordée par la jurisprudence des tribunaux, pour les placemens en rentes viagères, était contraire à la nature de revenu qui convient aux fruits des fonds perdus, comme aux fruits des fonds perpétuels. Les juges s'y étaient déterminés par la seule considération que le défaut de restitution pourrait donner lieu à détruire l'égalité rigoureuse, prescrite par les coutumes dans la convention de don mutuel; et par cette inégalité, donner lieu à des avantages indirects entre époux : en conséquence ils admettaient ou rejettaient la récompense suivant les circonstances particulières de chaque espèce qui se présentait.

1°. Lorsque les placemens en rente viagère avaient été faits sur les deux têtes conjointement, ou séparement sur chacune d'une manière parfaitement égale, ou à peu de chose près, ils déchargeaient les héritiers du survivant de toute restitution, comme on voit par différens arrêts de 1727, 1729, 1760, 1768, 1769 et 1785.

2°. Lorsque les placemens en viager avaient été faits sur la tête de celui des deux époux qui, par événement avait survécu, ils prononçaient l'indemnité, comme on voit par des arrêts de 1712, 1766 et 1770.

3°. Lorsque dans la même espèce, il y avait des placemens égaux et des placemens inégaux sur les deux têtes, les héritiers du survivant étaient déchargés de la restitution relativement aux placemens égaux : ils y étaient condamnés seulement pour l'excédent constitué sur la tête de leur auteur, comme on voit par des arrêts de 1715 et 1780 (1).

---

(1) Nous avons exposé avec détail, la qualité de revenu qui convient aux fruits des fonds perdus, les raisons de la juris-

La crainte de l'inégalité du don mutuel ne subsiste plus, maintenant que les époux peuvent se faire des avantages mutuels inégaux, même des avantages simples: la crainte de l'avantage indirect, résultant de l'inégalité, s'évanouit pareillement : comment, d'ailleurs, soupçonner l'avantage indirect entre époux, qui pourrait se faire des avantages directs : point de raison pour s'écarter des principes. Ainsi le survivant donataire ou légataire en usufruit jouira de tous les fonds perdus compris en son usufruit, même de ceux constitués sur sa tête, sans que ses ayans cause soient tenus, après lui, à aucune restitution pour raison de cette jouissance.

---

prudence sur les placemens en rente viagère, et les différens jugemens rendus à ce sujet, dans le §. 14 du mot *don mutuel*, de la nouvelle édition du Denisart.

CHAPITRE IV.

En quel cas les avantages entre Epoux sont-ils sujets à réduction ?

42. L'époux donateur laisse ou ne laisse pas d'enfans : au second cas la faculté de s'avantager entre époux est illimité ; au premier elle est circonscrite dans des bornes particulières, les avantages ne peuvent être faits en propriété, ils ne peuvent s'elever au-delà de la moitié du revenu des biens, *art.* 13.

43. Les avantages entre époux qui excèdent la portion disponible, sont-ils nuls pour le tout, ou seulement réductibles jusqu'à concurrence de la portion disponible ?

Les lois qui limitent la faculté de disposer à titre gratuit, sont des statuts relatifs à l'intérêt de l'héritier : celui-ci ne peut les invoquer qu'autant que son intérêt est blessé. Le défunt pouvait lui enlever telle portion de ses biens, il lui en a ôté une plus forte : la personne avantagée offre de le mettre en tel et semblable état qu'il serait, si le défunt n'avait pas entamé sa réserve, de souffrir réduction jusqu'à due concurrence : il reste à l'héritier la réserve qui lui a été assignée par la loi ; il n'a pas à se plaindre. Ainsi l'avantage excessif fait par l'époux en faveur de son époux n'est pas nul pour le tout, mais seulement réductible.

Cette conséquence des principes est textuellement admise par les articles 13 et 14 de la loi du 17 nivose. Suivant l'article 13, les dispositions de propriété ne sont pas déclarées nulles, mais *restraintes à l'usufruit.* L'article 14 veut que les avantages entre époux obtiennent leur effet . . . . *sauf la conversion ou réduction en usufruit*, prescrite par l'article 13.

En vain voudrait-on opposer les lois des 22 ventose, *art.* 47, et 18 pluviose, *art.* 4, rendues toutes deux en interprétation de la loi du 17 nivose, l'une avant, l'autre depuis la suppression de l'effet rétroactif, elles supposent l'une et l'autre le principe que les dispositions gratuites excessives sont nulles pour le tout, et en tirent des conséquences.

Sans s'arrêter ici à l'explication des articles qui viennent d'être cités, et dont les dispositions ne concernent pas les donations entre vifs, mais seulement les testamentaires, non pas même toutes les testamentaires mais seulement celles de ces dispositions qui sont universelles, il suffit de répondre que la loi du 17 nivose est précise pour les avantages entre époux ; et que si les deux lois subséquentes invoquées peuvent avoir quelque application, ce ne peut être aux avantages entre époux, dont elles ne parlent pas, et pour lesquels la loi du 17 nivose a établi des règles particulières.

44. Les avantages entre époux, sujets à réduction en cas d'enfans, devant avoir leur entière exécution à défaut d'enfans, pour déterminer dans chaque espèce si

les avantages faits par le défunt à son conjoint, sont ou ne sont pas sujets à réduction, ce n'est pas au moment de la donation, mais au moment de la mort, qu'il faut considérer si le donateur a ou n'a pas d'enfans. Ainsi, 1°. la donation faite par celui qui a des enfans, et qui n'en laisse pas à sa mort, n'est pas sujète à réduction: 2°. Tout au contraire, la donation faite par celui qui n'a pas d'enfant, et qui en laisse à sa mort, est sujète à réduction.

45. Il n'importe que le donateur laisse des enfans communs, ou d'une union précédente. Dans l'un et l'autre cas, les avantages sont sujets à réduction : la loi y est précise ; elle dit, *art.* 13 : « s'il y a des enfans de leur union, ou d'un précédent mariage. »

46. Si le donataire seul a des enfans, la donation à lui faite par son époux, qui n'en laisse pas, doit, malgré cette circonstance, avoir son exécution. La loi a voulu pourvoir à l'intérêt des enfans, empêcher un père de les dépouiller entièrement par un attachement excessif pour son épouse ou *vice versâ* : quand le donateur ne laisse pas d'enfant, le motif de la loi cesse et son application aussi.

En vain voudroit-on objecter que l'article 13 dit « s'il y a des enfans de *leur* union ou d'un précédent mariage, » au lieu de dire : « s'il y a des enfans de leur union ou d'un précédent mariage du donateur ; » que les mots *précédent mariage* se rapportent aux deux conjoints, ainsi que ceux qu'on lit auparavant *leur union* ; et qu'ainsi il y a lieu à réduire les libéralités, toutes les fois qu'à la mort du prédécédé il se trouve des enfans, soit de l'un, soit de l'autre.

Cette objection n'est pas fondée : les statuts qui limitent la faculté de disposer à titre gratuit sont des statuts relatifs, ainsi qu'il a été dit en notre explication du 4 germinal an 8 : ils sont établis pour l'intérêt, soit des héritiers en général, soit de partie d'entre eux : il n'y a que ceux en faveur desquels l'indisponibilité a été établie, qui puissent demander le retranchement. Dans l'espèce, la réduction ne peut être demandée par les collatéraux : ce n'est pas en leur faveur que la loi a limité la faculté de s'avantager entre époux. La réduction ne peut être demandée que par les enfans du donateur ; et du moment qu'il n'a pas laissé d'enfant, il ne peut exister de demande en réduction qui soit valable.

La circonstance que le donataire a lui-même des enfans d'un précédent mariage, ne pourrait changer cette conséquence des principes généraux de la loi, qu'autant qu'elle en contiendrait une disposition expresse ; l'article opposé dit : s'il y a enfant d'un précédent mariage, sans avoir ajouté *du donateur* ou *de l'un des deux époux* : de ces deux additions, il faut nécessairement adopter la première, conforme à l'esprit de la loi.

CHAPITRE V.

De la réduction des avantages entre époux.

47. La portion de biens, dont l'époux qui laisse des enfans, peut disposer en faveur de son époux, est reglée différemment, dans le cas où l'avantage par lui fait consiste en une simple jouissance, et dans celui où il consiste en propriété.

1°. Les avantages qui consistent en simple jouissance ne peuvent s'élever au-delà de la moitié du revenu des biens délaissés par l'époux décédé, *art.* 13 : si la jouissance accordée excède cette moitié, elle est réductible jusqu'à due concurrence.

48. 2°. Les avantages qui consistent en des dispositions de propriété, soit mobiliaires, soit immobiliaires, sont restraints à l'usufruit des choses qui en sont l'objet, *ibid.*

Quoique la chose concédée au survivant en propriété, soit en revenu d'une petite valeur, beaucoup inférieure à celle de la moitié du revenu total, (comme la donation d'une somme de 1200 fr. sur une succession de 200,000 fr.), l'avantage n'en est pas moins réductible à l'usufruit (des 1200 fr.): la loi est précise à cet égard; toute propriété est restrainte à l'usufruit.

49. 3°. Les avantages qui consistent en des dispositions de propriété, restraintes à l'usufruit par la loi, ne peuvent excéder, *ibid.*, la moitié du revenu de la totalité des biens: s'ils l'excèdent, ils sont réductibles jusqu'à due concurrence.

50. L'époux qui laisse des enfans ne peut, comme on voit, donner au survivant plus de la moitié de son revenu. Le revenu dont il s'agit ici, n'est pas le revenu total des biens, mais le revenu utile, le profit qu'on en peut tirer, déduction faite non-seulement des charges du revenu, mais encore des dettes qui diminuent d'autant la valeur de la succession : ainsi, on ne peut fixer la vraie valeur de la portion disponible en faveur de l'époux, sans établir une contribution aux dettes, entre les fonds et les revenus.

On voit, par ce qui vient d'être dit, que les avantages faits au survivant par le prédécédé, qui laisse des enfans, sont sujets à deux réductions.

Primo. Les dispositions de propriété sont réduites de plein droit à l'usufruit de la chose donnée. Cette réduction ne demande aucune opération.

Secundo. Les dispositions restraintes à l'usufruit, soit par la convention soit par la loi, sont réductibles à la valeur de la moitié du revenu de la totalité des biens.

Pour opérer cette seconde réduction, il faut en bien connaître les bases, évaluer le revenu de chacun des biens héréditaires, pourvoir à l'acquitement des dettes sur les fonds et les revenus. Ces préliminaires remplis, on connaît s'il y a lieu à réduction, et en cas d'affirmative, elle s'opère aisement. Il reste à connaître dans quel ordre doivent être retranchés les différens avantages faits à l'époux.

SECTION PREMIÈRE.

Bases de la réduction des avantages entre époux.

51. Outre les bases de la réduction qui viennent d'être exposées au commencement de ce chapitre, il faut encore faire attention à quelques principes qui vont être détaillés.

Tous les avantages faits à l'époux survivant sont sujets à la réduction, sans distinction des avantages faits par et hors contrat demariage, par acte entre vifs ou de dernière volonté, 17 *niv. art.* 14.

52. La faculté accordée à l'époux de disposer en usufruit de la moitié de ses biens, n'est pas une faculté *distributive* de disposer en faveur de son époux de la moitié de chacun de ses biens en usufruit, mais une faculté *cumulative* de disposer du revenu de tels et tels biens qu'il lui plaira, jusqu'à concurrence de la moitié du revenu de tous. Les avantages entre époux, dit la loi, ne peuvent s'élever au-delà de la moitié du revenu des biens, ne peuvent excéder la moitié du revenu de la totalité des biens : celui qui accorde sur ses biens une jouissance dont la valeur n'excède pas la moitié du revenu au total, n'est pas contrevenu à la loi, sa donation n'est pas sujète à réduction.

53. Les biens dont la jouissance peut être accordée jusqu'à concurrence de la moitié du revenu sont, comme l'explique l'article 13 déjà cité , toutes propriétés, soit mobiliaires, soit immobiliaires. Le survivant auquel le défunt aurait accordé la jouissance de la moitié de ses biens , aura pour moitié l'usufruit des immeubles , et l'espèce d'usufruit dont chaque propriété mobiliaire est susceptible : il y aura entre lui et les enfans du défunt , lieu à un partage de la jouissance des différens biens par lui délaissés.

Si l'avantage au profit du survivant consiste en l'usufruit d'un immeuble, et que l'enfant le veuille réduire comme excessif, il ne sera pas réduit à la valeur de la jouissance pour moitié des seuls immeubles . mais à la valeur réunie de la jouissance pour moitié des meubles et des immeubles.

Il faudra , dans cette réduction et toutes autres , d'avantages faits à titre particulier , procéder à l'estimation de la jouissance des immeubles et de la jouissance des meubles , pour voir si la moitié de ces deux jouissances réunies excède ou non la jouissance concédée par le défunt. Nous donnerons à la jouissance réunie des choses immeubles et des choses meubles le nom de *masse à comparer.*

54. Pour l'établissement de cette masse se présente à examiner une question. Faut-il y comprendre le revenu des biens donnés entre vifs au survivant ?

La loi défend au père de famille, qui laisse des enfans, de disposer au profit de son conjoint au-delà de la moitié de ses revenus : si le revenu de la chose A, donnée entre vifs au survivant, ne faisait pas partie des revenus dont la masse est à comparer, on ne pourrait pas dire que par la donation de la chose A, il ait disposé d'aucune portion de ses revenus auxquels elle serait réputée étrangère. Ainsi le revenu de la chose A, donnée entre vifs fait nécessairement partie de la masse à comparer pour établir le disponible à l'égard du donataire de la même chose A.

D'après ce principe, on voit que pour fixer la moitié (dans les revenus) disponible en faveur du survivant, il faut nécessairement comprendre dans la masse à comparer le revenu des biens donnés entre vifs au même survivant.

En vain dira-t-on qu'il ne faut comprendre dans cette masse, que le revenu des biens héréditaires des biens *délaissés* par le défunt, suivant l'article 13 ; ce qui en exclut les biens par lui donnés entre vifs.

Si on réfléchit aux conséquences de la décision que présente l'objection, on s'appercevra bientôt qu'elle serait contraire à l'esprit de la loi qui a voulu favoriser la faculté de disposer entre époux, parce qu'en l'admettant, plus le survivant aurait reçu par donation entre-vifs, moins il profiterait.

1°. Supposons un mari qui laisse 10,000 fr. de revenu : il n'a rien donné entre-vifs à sa femme, il peut lui léguer jusqu'à concurrence de 5,000 fr. de revenu.

2°. Si le même mari avait donné entre-vifs à sa femme 2,000 fr. de revenu, il n'en laisserait que 8,000 fr. : la portion disponible en faveur de la femme serait de 4,000 fr.

4000 fr. de revenu au lieu de 5000 fr., comme dans le premier cas ; le mari ne pourrait lui léguer que 2000 fr.

3°. Si le mari lui avait donné entre-vifs 6000 fr. de revenu, il ne laisserait que 4000 fr. : le disponible serait seulement 2000 fr. ; la veuve donataire de 6000 fr. serait réduite à 2000 fr.

4°. Si le mari lui avait donné entre-vifs tout son revenu, il aurait laissé de revenu zéro : la portion disponible n'existerait pas, et la veuve donataire du tout serait tenue de rendre le tout.

La loi qui a voulu que les avantages entre époux eussent leur entier effet, sauf la réduction à la moitié du revenu, ne peut admettre des conséquences aussi contraires à son but : concluons donc que le mot *délaissés* s'est glissé par mégarde dans l'article ; et que dans la masse à comparer pour établir la portion disponible en faveur du survivant, il faut comprendre non seulement le revenu des biens extans dans la succession, mais encore les revenus donnés entre-vifs au même survivant.

55. L'avantage fait par la veuve à son second mari, sera t-il réductible, suivant l'édit des secondes noces, ou suivant la loi du 17 nivose ?

Il faut distinguer si l'avantage est antérieur ou postérieur à la promulgation de la loi du 17 nivose. Sur le premier cas, voyez ci-après, la section 1re. du chapitre 6 ; nous n'examinerons ici que le second.

L'avantatage fait par la veuve à son second mari, par acte entre-vifs postérieur à la promulgation de la loi du 17 nivose , sera-t il réductible suivant la même loi , ou suivant l'édit des secondes noces ?

L'article 14 de la loi du 17 nivose, déclare valables tous avantages entre époux, sauf la réduction par elle ordonnée. L'art. 61 abolit nommément toute loi relative à la transmission des biens par donation : il abolit donc l'édit des secondes noces relatif à la quotité des biens que la veuve peut transmettre à son second mari à titre de donation. Ainsi, les avantages faits par la veuve à son second mari, ne sont sujets qu'à la réduction prononcée par la loi du 17 nivose, sans l'être à celle proprononcée par l'édit des secondes noces.

Par cette raison l'avantage en usufruit, consenti dans un acte entre-vifs postérieur à la promulgation de la loi du 17 nivose, par la veuve à son second mari, de telle manière qu'il n'excède pas la moitié de son revenu, aura son entière exécution ; quand bien même à cause du nombre d'enfans, il excéderait la valeur d'une part d'enfant, contre le premier chef de l'édit des secondes noces ; quand bien même, contre le second chef du même édit, il contiendrait l'usufruit de biens à elle advenus par la libéralité de son premier mari.

Peut-être nous opposera-t-on que nous décidons ici que la loi du 17 nivose a aboli l'édit des secondes noces, tandis que nous avons décidé, *n.* 7, que la même loi n'avait pas aboli l'ordonnance des donations de 1731. C'est le but des législateurs qui ont porté la première loi, qui nous a déterminé à ces deux décisions. Leur but n'a pas été de régler les formes des dispositions gratuites, mais d'en régler l'étendue: ils n'ont pas entendu déroger aux dispositions de l'ordonnance de 1731, qui concernent la forme des donations sans en régler l'étendue: ils ont voulu déroger à l'édit des secondes noces qui en règle l'étendue sans en régler la forme.

Dans le cas que nous venons de proposer, le citoyen Vermeil (en son explication de la loi du 17 nivose, *ch.* 6, *sect.* 3 , *n.* 14.) assujétit le second mari donataire à une double réduction ; 1°. il le réduit à une part d'enfant , en vertu de l'édit des secondes noces ; 2°. il réduit cette part d'enfant à l'usufruit, en vertu de la loi du 17 nivose. Il fonde cette réduction sur l'art 50 de l'un des projets du code civil : on trouve la même décision, en l'article 321 d'un autre projet de l'an 4 : elle se rencontre encore, dans l'article 106 du titre des donations du projet du citoyen Jacqueminot de l'an 8. Ce n'est pas par les projets du code civil qu'on peut régler le droit actuel, mais par les lois en vigueur : celle du 17 nivose permet tous les avantages entre époux , veut qu'ils aient leur entière exécution, sauf la réduction par elle prononcée ; par-là même, elle supprime toute autre réduction prononcée par les lois précédentes.

————

D 2

SECTION II.

Estimation du revenu.

56. L'estimation du revenu des biens du défunt, est nécessaire pour liquider les droits respectifs des enfans et du conjoint donataire ; 1°. dans le partage à faire entre eux, lorsque le conjoint est donataire de la portion disponible en sa faveur, ou lorsqu'il est question de réduire sa donation universelle à la même portion ; 2°. à l'effet de connoître s'il y a lieu de réduire la jouissance du conjoint donataire à titre particulier, et en cas d'affirmative à l'effet de fixer la réduction.

Le revenu n'est pas en proportion constante avec la valeur de la propriété, soit par rapport au même fonds à des époques différentes, eu égard aux circonstances des temps qui la font varier, soit à la même époque par rapport à des fonds différens : il est d'expérience journalière que le revenu augmente ou diminue en raison inverse de la solidité du fonds. La portion disponible en faveur de la veuve ayant été fixée à une portion du revenu, c'est à la quantité du revenu qu'il faut avoir égard et non à la valeur des fonds.

57. Le revenu des terres labourables, prés, vignes, sera réglé sur le fermage que le défunt en tirait ou aurait pu tirer, déduction faite de la contribution foncière.

Nous disons, le fermage que le défunt en tirait ou aurait pu tirer : la jouissance des biens que le défunt faisait valoir par lui-même, ne doit pas être réglée sur le produit qu'il en tirait, lequel était en partie le fruit de sa peine et de ses soins, mais sur le produit qu'il en aurait tiré en l'affermant.

58. Le revenu des taillis, des futayes en coupes réglées, sera pareillement déterminé sur le fermage que le défunt en tirait ou aurait pu en tirer, déduction faite de la contribution foncière.

59. Les hautes futayes en coupes non réglées, n'entreront pas en compte du revenu, parce que cette sorte de biens n'a pas de produit réglé, mais des produits extraordinaires à des temps fort incertains : elles resteront dans les mains des enfans héritiers, sans que le survivant puisse y rien prétendre, soit directement, soit indirectement.

60. Le revenu des rentes en grains, est pareillement réglé sur le fermage que le défunt en tirait ou aurait pu en tirer.

Les revenus des rentes en argent, soit foncières, soit perpétuelles, consiste dans les arrérages de la rente, déduction faite de la retenue, si le débiteur est autorisé à la faire.

Le revenu des rentes viagères consiste pareilllement dans les arrérages de la rente, déduction faite de la retenue, si le débiteur est autorisé à la faire.

61. Le revenu des maisons, est le loyer que le défunt en tirait ou en aurait pu tirer, déduction faite d'un quart pour les réparations, et de la contribution foncière sur les trois autres quarts.

D 3

62. La jouissance de l'argent doit être réglée sur l'intérêt qu'on en pourroit tirer.

Mais il y a deux sortes d'intérêt bien différens; l'intérêt légal de 5 pour 100, il a lieu dans toutes les condamnations judiciaires à payer les intérêts; et l'intérêt au cours du jour beaucoup, plus haut par les circonstances du temps. Dans le cas proposé, la jouissance de l'argent serat-elle réglée sur l'intérêt légal, ou sur l'intérêt au cours du jour?

On peut donner des raisons pour et contre.

La loi, dira-t-on d'un côté, ne peut reconnoître d'autre intérêt que celui qu'elle a fixé elle-même. Il est juste que tout débiteur, en retard d'acquitter le principal, paye un intérêt compensatoire du préjudice qu'il cause à son créancier; la loi a fixé cet intérêt à un taux, elle l'a regardé comme une juste compensation, comme le prix de la jouissance de l'argent dont le créancier se trouvait privé : s'il est quelque autre circonstance où il faille évaluer la jouissance de l'argent, on doit la porter au même taux, ni plus haut ni plus bas.

La loi, dira-t-on d'un autre côté, n'a pas fixé le taux de l'intérêt de l'argent. Elle l'a rendu matière de commerce, elle a laissé aux parties la faculté de débattre entre elles la quotité de l'intérêt : l'intérêt au cours du jour est donc le vrai prix de la jouissance de l'argent, qui s'établit par la balance du commerce. Si la loi a réglé, d'une manière fixe, l'intérêt compensatoire à payer par le débiteur en retard, c'est qu'il devenait nécessaire de le fixer invariablement : on a cru devoir le laisser à l'ancien taux, malgré les circonstances qui ont fait hausser la valeur. Mais cet adoucissement pour le dé-

biteur malheureux, n'empêche pas que le prix de la jouissance de l'argent ne soit l'intérêt au cours du jour, et
que dans le cas proposé, il ne faille estimer sa jouissance, eu égard au même intérêt.

Le haut intérêt de l'argent est l'effet de l'agiotage ; il
ne convient pas de s'y conformer dans une opération
légale : il faut donc s'en tenir à l'intérêt fixé par la loi,
et estimer la jouissance de l'argent au taux legal de 5
pour cent.

63. La jouissance de l'argent sera-t-elle estimée 5 pour
cent avec ou sans retenue ?

Le taux légal est 5 pour cent avec retenue. Les parties
peuvent à la vérité stipuler la non retenue : mais il faut
une stipulation expresse ; et à défaut de stipulation, la
retenue a lieu de droit, ainsi que portent les différentes
lois sur la contribution foncière, notamment celle du 3
frimaire an 7, *art.* 101. Dans l'espèce, il n'y a pas et il
ne peut y avoir de convention : ainsi la jouissance de
l'argent doit être estimée 5 pour cent avec retenue.

64. Observés que l'intérêt des enfans et du conjoint
donataire, sur la manière d'évaluer la jouissance de
l'argent, varie suivant les circonstances. Lorsque le survivant est donataire de plusieurs domaines ruraux, et qu'il
se trouve dans la succession une somme de deniers
considérable, les enfans sont intéressés à ce que la jouissance de l'argent soit évaluée au plus bas, à raison de
l'intérêt légal : au contraire, lorsque le conjoint est
donataire d'une somme de deniers et qu'il y a dans la
succession plusieurs domaines ruraux, les enfans sont

intéressés à ce que la jouissance de l'argent soit évaluée au plus haut, suivant le cours du jour.

65. Le revenu des choses fungibles et quasifungibles, sera l'intérêt légal de la somme à laquelle elles seront évaluées.

66. Nous venons de dire qu'il fallait avoir égard à la contribution foncière et à la retenue des intérêts pour évaluer le revenu. Ces deux diminutions ne sont pas pas fixes, elles varient d'une année à l'autre ; quelle base faut-il adopter ? Il est nécessaire d'en adopter une fixe au moment de la liquidation à faire entre les enfans ét le conjoint donataire, et qu'elle soit la même pour tout le temps de la jouissance. Ce premier point une fois réglé, quelle base adopter pour ces deux diminutions, le taux de l'année du décès, ou le taux de l'année de la liquidation ? Il est naturel d'avoir égard à la contribution foncière et à la retenue de l'année du décès : il y aurait inconvénient à préférer la contribution fonciére et la retenue existantes en l'année de la liquidation, parce que l'une des deux parties aurait intérêt de retarder la liquidation dans l'espérance d'une variation.

67. D'après ce qui vient d'être dit, nous donnerons pour modèle de l'évaluation des revenus, l'exemple suivant :

Succession composée des objets ci-après :

Domaine rural dans le département du Loiret, affermé
franc de contribution foncière, la somme de . . . .   3,000 f.
Autre domaine rural dans le département de la Nievre,
affermé . . . . 1,000 f.
Imposition foncière de l'année du décès   200

          Revenu net . . . .   800 f. ci   800
Autre domaine et taillis y joignant, situé dans le département de la Seine-Inférieure, exploité par le défunt, mais
estimé par experts pouvoir être affermé . . . . . . 4,000 f.
Contribution foncière de l'année du décès   800

          Revenu net, ...3,200 f. ci   3,200
Futaie en coupes non réglées, voisine du même domaine,
portée en revenu pour *néant*, ci. . . . .   *néant.*
600 f. de rente perpétuelle, sans retenue, au principal
de 12,000 f. ci   600
800 f. de rente viagère, sans retenue   800
Une maison sise à Paris, rue Saint-Honoré, louée par bail
notarié. . . . . 2,000 f.
Quart à déduire pour les réparations . . 500 f. }
Contribution foncière de l'année du décès 300 }   800

          Reste . . . . 1,200 f. ci   1,200
La somme de 10,000 f., tant en argent comptant que
produit du mobilier vendu, l'intérêt à 5 pour cent fait
un revenu de . . . . 500 f.
Retenue de l'année du décès, que je suppose
être le cinquième   100

          Reste. . . . . 400 f. ci   400
Effets fungibles et quasi fungibles gardés en nature, mais
évalués, de concert entre la veuve et l'enfant, à la somme
de 30,000 f., l'intérêt à 5 pour cent . . . . 1,500 f.
Retenue 300

          Reste. . . . . 1,200 f. ci   1,200

Total du revenu.   11,200 f.

L'opération serait la même, si un ou plusieurs des objets ci-dessus, au
lieu de rester ès mains du défunt jusqu'à sa mort, eussent été par lui
donnés entre-vifs au survivant, parce que la masse à comparer doit comprendre les biens donnés entre-vifs au survivant.

SECTION III.

Manière de faire contribuer aux dettes les fonds et les revenus.

68. La répartition des dettes entre les fonds et les revenus, est nécessaire toutes les fois que, dans la même succession, deux individus recueillent à titre universel, l'un la nue propriété, l'autre l'usufruit de la même chose : elle est nécessaire en fait d'avantage entre époux, 1°. pour régler les droits respectifs de l'héritier, et du survivant donataire universel d'une portion de revenu non excessive; 2°. ainsi qu'il a déjà été remarqué, *n*.° 50, lorsqu'on veut déterminer la juste valeur de la portion disponible en faveur du survivant.

Nos auteurs ne sont pas d'accord sur le mode suivant lequel, en thèse général, deux successeurs universels, l'un à la nue - propriété, l'autre à l'usufruit, doivent contribuer entre eux au paiement des dettes.

1°. Les uns pensent que l'héritier recueillant la nue-propriété, doit avancer les dettes, et l'usufruitier lui en payer les intérets.

2°. D'autres pensent que c'est à l'usufruitier à en faire l'avance; que la répétition en sera faite à la fin de l'usufruit par ses ayans-cause, contre l'héritier du prédécédé.

3°. D'autres pensent qu'il ne faut charger ni l'un ni l'autre d'avancer les dettes ; mais qu'au contraire, ils doivent y contribuer en même temps.

Les deux premières opinions ne doivent pas être suivies,

parce qu'elles chargent l'un des deux successeurs universels d'avancer une charge qui leur est commune. Quoique
la seconde soit fondée par analogie sur l'article 286
de la coutume de Paris, et autres semblables, qui chargent
le donataire mutuel d'avancer les dettes , il faut néanmoins
s'en tenir à la troisième opinion ; les articles de coutumes
n'ayant rapport qu'à des espèces particulières d'usufruit ,
n'ont pu former une règle générale : il est de toute justice
de faire contribuer en même temps, ceux qui recueillent
en même temps.

La difficulté est de régler la contribution présente,
entre le successeur à la nue-propriété et le successeur à
l'usufruit. Plusieurs de ceux qui tiennent cette troisième
opinion, ont pensé qu'il fallait distribuer à chacun des
successeurs universels sa part avant que les dettes fussent
payées, et les obliger ensuite à y contribuer dans la
proportion de leur émolument, sur la fixation de laquelle
ils ne sont pas d'accord : il en résulte l'inconvénient de
faire contribuer en argent comptant aux dettes, celui qui
recueille la nue-propriété , et dont le profit n'est pas
présent. Les dettes étant une charge des biens, il faut
tout au contraire, les prélever avant tout sur la masse,
et ne distribuer à chacun sa part qu'après ce prélévement.
Par ce moyen, on suit l'ordre naturel du paiement des
dettes ; on ne les fait pas avancer à l'un des deux successeurs universels, aux dépens de l'autre : on évite l'in-
justice d'imposer une charge présente à celui auquel
l'avantage qu'il reçoit ne sera utile que par la suite ; et
néanmoins le propriétaire et l'usufruitier contribuent aux
dettes à proportion de leur émolument , le propriétaire

par un retranchement sur la nue-propriété, et l'usufruitier
par un retranchement sur l'usufruit : tel est le sentiment
de Lemaitre, sur Paris, *art.* 334; et avant lui de Ricard
qui s'en explique en ces termes :

« Si le legs universel n'est qu'en usufruit *donat. part*
» I, *n.* 1532, on ne doute pas qu'il ne soit contribua-
» ble, comme celui qui est en propriété . . . . . . La
» difficulté est de savoir suivant quelle proportion il doit
» entrer dans la contribution. Nous avons des auteurs
» qui se sont fort donnés la gêne au sujet de cette
» question, en proposant différens moyens pour la ré-
» soudre . . . . L'expédient le plus naturel et le
» plus facile à mon avis, est de payer les dettes, des
» biens même qui sont sujets à l'usufruit, parce que par
» ce moyen les charges sont supportées également : et
» il ne se peut pas imaginer d'expédient qui les divise
» avec plus de proportion, que l'on peut dire même
» arithmétique ; aussi se trouve-t-il en la l. *ult.* §. *sin*
» *autem es alienum, C. de bonis quæ lib.* (1). »

69. Quoique la règle sur la contribution qui vient
d'être posée conformément à l'avis de Ricard soit la
plus conforme aux principes, néanmoins l'héritier et

____

(1) Cette loi suppose le principe, que lorsque les biens de
l'hérédité se trouvent divisés entre l'héritier et l'usufruitier à
titre universel, les dettes doivent se prélever sur les choses
héréditaires ; en conséquence, elle autorise le père de famille,
usufruitier de biens d'une succession avenue à l'enfant qu'il avait
en sa puissance, à vendre les biens de cette succession, pour en
acquitter les dettes.

l'usufruitier peuvent en adopter une autre d'un commun consentement.

L'usufruitier qui desire se conserver la jouissance intégrale des fonds peut , si bon lui semble , avancer de ses deniers le paiement des dettes , sauf à en répéter le montant contre le propriétaire après l'usufruit fini , ainsi que l'observe Ricard , *ibid.* Si l'héritier accepte pareille offre , la contribution se fera conformément à la seconde des opinions ci-dessus exposées.

L'héritier nu-propriétaire n'a aucun intérêt de s'y opposer, lorsque l'usufruitier à son argent prêt pour faire l'avance offerte. Mais lorsque l'usufruitier n'a pas son argent prêt, l'héritier peut lui dire : nonobstant votre proposition , je n'en suis pas moins exposé aux poursuites des créanciers ; je ne puis me dispenser de pourvoir à ce qu'ils soient satisfaits ; je ne serai tranquille qu'après leur paiement effectif fait , soit à vos dépens par l'avance que vous en ferez sur le champ , soit par la vente des biens jusqu'à due concurrence.

L'héritier , de son côté , serait mal fondé à vouloir exiger que l'usufruitier fît cette avance. Celui - ci aurait droit de s'y refuser : je ne suis point, dira-t-il, le débiteur des dettes de la succession , elles doivent se prélever sur les biens qui la composent, *bona non intelliguntur nisi deducto œre alieno.* Je n'ai pas deniers suffisans pour l'avance que vous desirez: et quand je les aurais, pourquoi les avancerais-je , pour me procurer en immeuble un revenu très-faible , tandis que je pourrais en faire un autre emploi plus utile ou plus agréable ? ils sont ma propriété , j'en ferai tel usage qu'il me plaira.

70. Hors le cas auquel les parties seraient d'accord, il faut en revenir à la manière d'opérer de Ricard, pour la fixation de la portion disponible en faveur de l'époux.

On répartira les dettes proportionnellement sur les différentes choses héréditaires : cette opération diminue le revenu de chacune dans la même proportion que sa propriété. La moitié de la somme des revenus, ainsi diminués, sera la portion disponible.

Supposons dans l'exemple de la section précédente, *n.* 67, qu'évaluation faite des fonds suivant le premier tableau à la fin de l'ouvrage, les dettes et charges de la succession en fassent le dixième ; alors le retranchement proportionnel réduit la valeur de chaque chose héréditaire aux neuf dixièmes, et son revenu dans la même proportion : les neuf dixièmes du revenu feront la masse à comparer, et la moitié de ces neuf dixièmes sera la portion disponible, tel qu'on voit en ce premier tableau.

L'opération sera un peu différente, lorsque dans les biens qui composent la masse, il y en aura de donnés entre-vifs au survivant, parce qu'il n'y a que ceux extans dans la succession, qui soient grevés des dettes.

Supposons dans l'exemple du premier tableau, dont vient d'être parlé, que le domaine de la Seine-Inférieure ait été donné entre-vifs au survivant : alors ce domaine ne doit pas contribuer aux 24,000 fr. de dettes, qui se préleveront sur les autres biens valant 192,000 fr. ; et l'opération se fera conformément au second des tableaux qui sont à la fin de l'ouvrage.

71. Les dettes ne se paient jamais, avec cette précision mathématique, sur chaque nature de biens : elles

sont·payées le plus souvent avec l'argent comptant, le produit de la vente du mobilier, et·la vente des fonds, lorsque les deux premiers objets ne suffisent pas : mais quelle que soit la manière dont on les ait acquittées, il faudra toujours en revenir à l'opération indiquée pour déterminer la part disponible en faveur de l'époux.

SECTION IV.

Manière d'opérer la réduction.

72. Après les opérations indiquées dans les deux sections précédentes, il est aisé de connaître si l'usufruit de la chose donnée est excessif ou non : la portion disponible est fixée ; le revenu de la chose donnée est connu.

Dans l'espèce du premier tableau, la portion disponible est 5,040 fr. de revenu. Si la veuve est légataire de l'usufruit du domaine du Loiret, valant net 3,000 fr., l'avantage est au-dessous de la portion disponible : il n'est pas réductible. Dans la même espèce, si le mari a légué à sa femme l'usufruit d'une somme de 200,000 fr., le revenu de cette somme à 5 pour cent, avec la retenue du cinquième, est 8,000 fr.: l'avantage est au-dessus de la portion disponible : il est réductible.

Dans l'espèce du second tableau, la portion disponible est 5,100 fr. La veuve est donataire entre-vifs du domaine de la Seine-Inférieure, dont le revenu est 3,200 fr. Cet avantage est réductible à l'usufruit : il est, quant au revenu, au-dessous de la portion disponible. Si la veuve n'a pas d'autre avantage par testament, il sera valable en entier, quant à l'usufruit : si la veuve est en outre légataire en usufruit d'un autre objet, tel que le revenu de l'objet donné et le revenu de l'objet légué réunis, excèdent 5,100 fr., alors il y aura lieu à la réduction.

73. L'héritier a deux moyens de réduire les legs qui excèdent la portion disponible par le défunt : le premier consiste à retrancher sur la chose léguée, jusqu'à ce que le surplus soit réduit à la valeur du disponible; le second consiste à abandonner au légataire, en nature, la portion disponible. Il a l'option de ces deux sortes de réductions : la dernière est fondée sur ce que le légataire n'a pas à se plaindre, quand l'héritier lui abandonne tout ce dont la loi permettait au défunt de disposer en sa faveur : aussi se trouve-t-elle consignée dans nombre de nos coutumes, entre autres celle de Paris, *art.* 295; et elle était de droit dans celles qui n'en parlaient pas. Le légataire ne peut refuser cet abandon, et forcer l'héritier à lui abandonner la chose léguée, jusqu'à concurrence du disponible. La loi du 17 nivose, qui a changé la quotité du disponible, ne contient pas de dérogation à cette faculté, qui compétait autrefois à l'héritier d'abandonner le disponible, pour se libérer des legs : en conquence, l'enfant héritier peut offrir à la veuve légataire, de partager avec elle par moitié le revenu des biens, sans que celle-ci puisse le contraindre à lui délivrer la jouissance de la chose léguée, jusqu'à concurrence de la moitié des revenus.

L'héritier

L'héritier peut avoir un grand intérêt à prendre ce parti, lorsque dans une succession composée en grande partie d'immeubles, il veut réduire au taux de la loi, le legs fait à la veuve d'une somme considérable de deniers; autrement il seroit obligé d'emprunter à gros intérêt des deniers, dont la veuve ne lui tiendrait compte sur la moitié disponible à son profit, qu'à raison de l'intérêt légal.

Supposons dans l'espèce du premier des tableaux placés à la fin de l'ouvrage, que la veuve soit légataire uni-verselle de l'usufruit d'une somme de 200,000 fr. Le revenu de cette somme, à raison de l'intérêt légal, est 8,000 fr. : il excède la portion disponible, qui est 5,040 fr. de revenu. L'enfant héritier a deux moyens de réduire l'avantage fait à la veuve : le premier, de lui payer la somme de 126,000 fr., dont l'intérêt légal à 5 pour cent avec la retenue, fait un revenu de 5,040 fr. (1) égal à

____

(1) L'intérêt de 126,000 fr., à raison de 5 pour cent, est 6,300 fr. : diminuant pour la retenue du cinquième 1,260 fr., reste, comme nous avons annoncé, 5,040 fr.

Peut-être critiquera-t-on cette opération, en disant qu'il s'agit de la retenue sur un objet viager; que cette retenue doit être, *3 frim. an* 7, *art.* 100, de la moitié de la proportion de la contribution foncière, et non pas de la totalité; qu'en suivant notre hypothèse, la retenue, au lieu d'être d'un cinquième, doit être seulement d'un dixième : qu'ainsi la somme de 126,000 fr. est trop forte, devant être comptée à la veuve pour un revenu viager de 5,670 fr. (6,300 fr. avec déduction d'un dixième seulement) au lieu de 5,040 fr.

L'objection n'est pas fondée : le revenu dont il s'agit n'est pas la moitié du revenu des biens du défunt, à la charge par la veuve de restituer après sa mort audit enfant, la même somme de 126,000 fr. ; le second, d'abandonner à la veuve, en nature, la moitié des revenus du défunt. L'héritier préférera ce second moyen, qui dans l'espèce lui est beaucoup plus avantageux : la veuve serait mal fondée à s'y opposer.

74. Il y a telle circonstance, où l'enfant héritier peut avoir intérêt d'abandonner en nature le revenu disponible, au lieu de payer le legs en usufruit d'une somme de deniers, quoique l'intérêt légal de la même somme soit inférieur à la moitié disponible du revenu : on ne peut, dans ce cas, lui refuser la faculté d'abandonner le disponible, pour se dispenser d'acquitter le legs.

Dans la même espéce du premier tableau, si la veuve est légataire d'une somme de 100,000 fr., dont l'intérêt légal soit 4,000 fr., et l'intérêt au cours 10,000 fr., les 24,000 fr. de dettes sont acquittés sur l'argent comptant, le produit du mobilier vendu, et sur la vente que provoquent les créanciers des effets fungibles et quasi fun-

---

le revenu viager de 126,000 fr., qui serait 11,340 fr., ni le revenu viager de 63.000 fr., qui serait 5,670 fr. ; l'un et l'autre avec la retenue du dixième au lieu de la retenue du cinquième : il est le revenu perpétuel que la veuve peut tirer pendant sa vie, de cette somme de 126,000 fr. qu'elle est tenue de restituer à sa mort. Ce revenu perpétuel est sujet à retenue, dans la même proportion que le montant de la contribution foncière : il faut donc, d'après l'hypothèse, porter le revenu de 126,000 fr., à raison seulement de 4 pour cent au lieu de 4 et demi pour cent, à 5,040 fr. au lieu de 5,670 fr.

gibles , réservés par l'héritier ; il ne lui reste que 16,000 fr. : s'il acquitte le legs en argent, il abandonnera à la veuve ces 16,000 fr. comptés en revenus pour. . . . . 640 f.

Il empruntera 84,000 fr. pour lesquels il paiera d'intérêts. 8,400

Il essuiera une perte de. . . . . 9,040 f.

Sur un revenu de 10,080

Dont il devroit lui rester moitié de 5,040

Il a intérêt d'abandonner la moitié disponible du revenu pour se libérer du legs : il y est bien fondé ; la veuve ne peut s'y opposer.

75. Ce qui vient d'être dit , *n.* 73 *et* 74 , du légataire en usufruit, s'applique au donataire à cause de mort en usufruit, par acte entre-vifs, parce qu'il n'est pas saisi: l'enfant héritier contre lequel il poursuit la délivrance des effets de sa donation, peut lui offrir le disponible, pour se libérer de sa demande.

76. Pareille décision s'applique au donataire à cause de mort par contrat de mariage, quoique celui-ci se trouve saisi de plein droit.

La saisine du donataire par contrat de mariage , ne s'opère pas du vivant du défunt : elle ne s'opère qu'au moment de sa mort. Cette prérogative particulière du contrat de mariage, qui le dispense de demander la délivrance à l'héritier, saisi de tout par cette règle fondamentale des successions, *le mort saisit le vif*, et qui équivaut à son égard à une délivrance de droit, ne doit pas nuire aux droits de l'héritier, auxquels le défunt n'a pu déroger : ainsi celui-ci sera fondé à offrir au conjoint du défunt l'échange du revenu disponible, contre le montant de sa donation à cause de mort, en usufruit; à demander que le conjoint, pour être rempli de son avantage, se contente du revenu de la portion disponible.

77. Il n'en est pas de même du donataire entre-vifs, qui est saisi du vivant du donateur, de la propriété de l'objet à lui donné. L'enfant héritier n'a qu'un seul moyen de réduire son avantage, celui de retrancher sur la chose donnée, jusqu'à ce que la portion restante au donataire soit égale à la valeur du disponible. Il serait mal fondé à dire au donataire : restituez-moi les objets à vous donnés; je vous abandonne tout le disponible. Le donataire entre-vifs lui répondra, avec raison : je suis saisi du vivant du donateur, à votre préjudice : tout votre droit consiste à diminuer ma donation, si elle est excessive; mais vous n'avez pas celui de l'anéantir pour m'abandonner le disponible.

78. Comment régler les droits de l'enfant héritier, et de l'époux donataire entre-vifs d'une somme de deniers à recevoir après la mort du donateur? (1).

---

(1) Nous disons *donataire entre-vifs*, et non pas *donataire par acte entre-vifs*. La donation par acte entre-vifs, d'une somme de deniers à recevoir après la mort du donateur, est donation entre-vifs ou à cause de mort, suivant que le donataire est saisi du vivant du donateur, ou seulement après sa mort, de la propriété des deniers à lui donnés. Voyez ce que nous avons dit à ce sujet dans le nouveau Denisart, au mot *donat. entre-vifs*, §. 13.

La donation de pareille somme est de droit réduite à un simple usufruit.

Lorsque la somme donnée n'excède pas la moitié du bénéfice de la succession, le conjoint a droit d'exiger qu'elle lui soit payée, sauf la restitution après sa mort. L'enfant de son côté a l'option, ainsi qu'il a été observé, *n.* 33, de payer la somme de ses deniers, ou de laisser vendre les biens de la succession, jusqu'à concurrence de la même somme, qui sera délivrée au conjoint, sauf la restitution après sa mort.

Lorsque la somme donnée excède la moitié du bénéfice de la succession, l'enfant réduira le conjoint à la valeur de cette moitié : il aura *ibid.* l'option de payer cette moitié de ses deniers, ou de laisser vendre la moitié des biens, afin que le conjoint donataire jouisse en usufruit, sa vie durant, du prix qui en proviendra.

Observez que, pour cette opération, il ne faut pas comprendre, dans le bénéfice de la succession, les objets qui n'ont pas de revenus, comme la futaie en coupes non réglées, parce que le donataire n'a de droit que sur les revenus.

79. Tout ce qui vient d'être dit s'éclaircira par l'exemple de l'espéce du premier des tableaux qui sont à la fin de l'ouvrage.

L'actif est . . . . 240,000 f.
Dettes 24,000
Bénéfice net . . . . 216,000 f.
A retrancher les neuf dixièmes de la futaie, 54,000
Reste masse à comparer . . . . 162,000 f.
Moitié disponible en faveur de la veuve en usufruit . . . . 81,000.

Si la veuve est donataire entre-vifs d'une somme au-dessous de 81000 fr., sa donation aura son exécution : l'héritier sera libéré, en lui remettant la somme donnée entre-vifs, pour par elle en jouir sa vie durant, et la restituer après sa mort. Il peut aussi se libérer, en souffrant qu'il soit vendu des biens de la succession pour satisfaire au paiement de la somme donnée, sauf pareillement la restitution.

Si la somme donnée excède 81,000 fr., l'héritier sera libéré envers elle, en lui remettant, à titre d'usufruit, la somme de 81,000 fr.

En vain la veuve donataire entre-vifs d'une somme de 100,000 fr., dirait : ma donation n'est pas excessive : le revenu de la somme donnée est 4,000 f. ; le revenu disponible en ma faveur, est 5,040 fr. ; ainsi je dois être payée en entier.

L'enfant héritier lui répondra : je ne puis vous payer qu'aux dépens des biens de la succession susceptibles de revenu, parce que votre donation ne peut consister qu'en revenu. Elle ne doit pas excéder la moitié, il doit me rester l'autre moitié. Les biens susceptibles de revenu montent à 162,000 fr. : en prélevant moitié sur chacun pour vous fournir les 81,000 fr., je suis réduit à la moitié du revenu ; je dois donc être libéré en vous payant 81,000 fr. dont vous aurez l'usufruit votre vie durant.

L'enfant héritier peut encore se libérer en laissant vendre la moitié des biens. S'il choisit ce dernier moyen, il faudra qu'il soit préalablement procédé entre lui et la veuve donataire entre-vifs, à un partage par moitié : la moitié échue dans le lot de la veuve, sera vendue pour lui fournir des deniers : la somme en provenant, au-dessous, égale, ou au-dessus de la (81,000 fr.) moitié de l'évaluation du total, lui sera délivrée pour en jouir en usufruit sa vie durant, et être restituée à sa mort.

L'héritier n'a pas, comme il a déjà été dit, vis-à-vis du donataire entre-vifs, la faculté qu'il a vis-à-vis du légataire, d'abandonner en nature la moitié du revenu, pour se libérer de l'avantage fait par le défunt. Dans l'espèce proposée, le donataire entre-vifs, saisi fictivement d'une somme de deniers, est en droit d'exiger qu'il lui soit remis des deniers : c'est à l'héritier à satisfaire à ce paiement, de l'une des deux manières ci-dessus.

SECTION V.

Dans quel ordre faut-il procéder, à la réduction des différens avantages en usufruit faits à l'époux survivant ?

80. Le retranchement nécessaire pour réduire à la portion disponible les différens avantages faits en usufruit à l'époux survivant, s'opère graduellement dans l'ordre suivant : 1°. sur les legs universels ; 2°. sur les legs particuliers de choses indéterminées ; 3°. sur les legs de corps certains ; 4°. sur la dernière donation par acte entre-vifs ; 5°. sur l'avant-dernière donation entre-vifs, et ainsi de suite, en remontant, s'il est nécessaire, jusqu'à la première ; le tout suivant l'ordre qui avait lieu pour fournir la légitime entamée par les dispositions gratuites

du défunt, et que nous avons exposé dans notre expli-cation de la loi du 4 germinal an 8, *ch.* 7, concernant la portion disponible en faveur de toute autre personne que l'époux du disposant.

Premier exemple. Supposons dans l'espèce du premier tableau à la fin de l'ouvrage, que la veuve avantagée en usufruit seulement, soit légataire universelle pour un quart, et en outre légataire d'une somme de 100,000 fr. , ses avantages en revenu sont :

Legs du quart. . . . .   2,520 f.
Legs particulier de 100,000 f. . . . 4,000 f.
La veuve légataire universelle
pour un quart, en confond sur elle-même un quart. 1,000
Trois quarts à la charge de l'hé-ritier. . . . . 3,000 f. ci 3,000
                    Total des avantages . . . . 5,520 f.
                    Moitié disponible. 5,040
                    Excédent à retrancher. . . . . 480 f.
A prélever d'abord sur le legs universel. . . 2,520
Il ne sera pas épuisé, mais réduit à . . . . . . 2,040 f.
Le legs particulier aura son exécution.

L'enfant héritier se libérera envers la veuve, 1°. en lui abandonnant une part du revenu dans la proportion de 2,040 à 10,080, ou de 17 à 84; 2°. en lui payant 75,000 fr. pour les trois quarts des 100,000 fr. légués, dont elle aura l'usufruit sa vie durant.

Si l'enfant héritier veut s'exempter de payer les 75,000 fr., il peut se libérer envers la veuve, de la totalité de ses deux legs, en lui abandonnant la moitié du revenu.

Second exemple. Supposons dans la même espèce que la veuve, avantagée en usufruit seulement, soit légataire, 1°. d'une somme de 50,000 fr.; 2°. des domaines du Loiret et de la Seine-Inférieure, les avantages en revenu sont :

Somme léguée. . . . . 2,000 f.
Domaine du Loiret. 3,000
Domaine de la Seine-Inférieure. 3,200
    Total en revenu. . . . . 8,200 f.
    Portion disponible 5,040
    Excédent à retrancher . . . . 3,160 f.
A prendre d'abord sur le legs de chose
Indéterminée, qui est absorbé 2,000
  Reste à prendre sur les legs de corps certains. . 1,160 f.
  Corps certains légués 6,200
  Portion restante à la veuve . . . . 5,040 f.

Point de raison, pour que la veuve jouisse de l'un de ces deux domaines plutôt que de l'autre : elle jouira des deux dans la proportion de 5,040 à 6,200, ou de 126 à 155 : il y aura lieu entre elle et l'héritier au partage de la jouissance de ces deux domaines, dans la proportion de 5,040 à 1,160, ou de 126 à 29.

Troisième exemple. Dans l'espèce du second tableau, où la veuve est donataire entre-vifs du domaine de la Seine-Inférieure, supposons qu'elle soit en outre légataire du domaine du Loiret, les avantages en usufruit sont :

Domaine donné entre-vifs. . . . . 3,200 f.
Domaine légué 3,000
       Total . . . . 6,200 f.
      Portion disponible. 5,100
      Excédent à retrancher. 1,100
Il peut se prendre sur le domaine légué de. . . 3,000
La veuve jouira du même domaine, jusqu'à concurrence de . . . . 1,900 f.

Quatrième exemple. Supposons dans la même espèce, que la veuve soit donataire par contrat de mariage, en cas de survie, du tiers de l'usufruit des biens, et que la donation entre-vifs de l'usufruit du domaine de la Seine-Inférieure soit postérieure, les avantages en usufruit sont :

Tiers donné par contr. de mar. . . . . 3,400 f.
Domaine de la Seine-Inférieure. . . 3,200 f.
Comp. pour $\frac{1}{3}$ dans la donat. ant. . . 1,066
L'avantage réduit aux $\frac{2}{3}$ . . . . 2,133 ... 2,133

      Total. . . . . 5,533 f.
      Portion disponible. 5,040
      Excédent à retrancher. . . . . 493 f.
Il peut se prendre sur la dernière donation de 2,133
Elle sera réduite à . . . . 1,640 f.

La première donation aura son entière exécution.

La veuve jouira du domaine de la Seine inférieure, jusqu'à concurrence de 2,706 fr. ; savoir : 1,066 fr. pour le tiers déjà compris dans la première donation, et 1,640 fr. à quoi se trouve réduit l'avantage des deux autres tiers.

CHAPITRE VI.

Quels sont les avantages entre époux sujets à la loi du 17 nivose?

---

81. La loi du 17 nivose a introduit deux sortes d'innovations sur les avantages entre époux.

Les unes concernent la faculté de se faire avantager par tel ou tel genre de disposition : elle a permis des genres de dispositions qui étaient défendus. Les époux peuvent maintenant se faire des donations entre-vifs hors contrat de mariage, des donations testamentaires, tandis que dans un grand nombre de coutumes, les époux une fois mariés, ne pouvaient se faire, ni donations entre-vifs (hors le don mutuel), ni donations testamentaires.

Les autres concernent l'étendue de la disposition : les époux peuvent maintenant se donner tout, s'il n'y a pas d'enfans, tandis que dans un grand nombre de coutumes, ils ne pouvaient se faire que quelques avantages limités à une espèce particulière de biens.

Il est donc à propos, dans les successions ouvertes depuis la publication de la loi du 17 nivose, de bien distinguer d'entre les avantages entre époux, ceux sujets à la même loi, et ceux sujets aux lois précédentes.

Ces avantages ont un titre antérieur, ou postérieur à la publication.

Les avantages dont le titre est postérieur à la publication de la loi du 17 nivose, sont soumis, à tous égards, aux dispositions de la même loi, sous l'empire de laquelle ils ont été faits. Ces avantages ne peuvent être que conventionnels : on a vu, *n.* 18, qu'il n'y avait plus lieu entre époux aux avantages légaux.

Quant aux avantages dont le titre est antérieur, il faut distinguer les avantages conventionnels, les avantages légaux et les avantages testamentaires.

SECTION PREMIÈRE.

Influence de la loi du 17 nivose, sur les avantages conventionnels entre époux antérieurs à sa publication, réclamés dans une succession ouverte depuis.

82. Pour juger du mérite des avantages conventionnels entre époux, réclamés dans une succession ouverte depuis la publication de la loi du 17 nivose, mais dont le titre est antérieur, il faut distinguer la validité et l'étendue de la disposition jugée valable.

La question de savoir si la disposition en elle-même est valable, se déterminera par les lois précédentes : elles seules peuvent décider, si l'époux a pu valablement faire en faveur de son époux, tel genre de disposition dans le temps auquel elles étaient en vigueur. La loi ne maintient, *art.* 14, les avantages antérieurs que dans le cas où ils seraient *légalement* stipulés : en conséquence,

. 1°. Des époux demeurant à Paris, se sont fait, depuis leur mariage, un don mutuel, par acte antérieur à la publication : l'avantage sera valable, parce qu'il leur était permis de s'avantager par ce genre de disposition.

2°. L'époux decédé depuis la publication, avait auparavant la même publication fait donation simple entre-vifs, hors contrat de mariage, au survivant, d'un de ses immeubles, situé dans l'arrondissement de la même coutume : l'avantage sera nul, parce qu'il lui était défendu d'avantager son conjoint par une pareille disposition.

83. Quant à l'étendue de la disposition, la défense de disposer au-delà de telle quotité, n'est pas relative au temps de la donation, mais au temps du décès du donateur : c'est à cette époque qu'on peut connaître s'il a laissé des héritiers qui puissent se plaindre de l'excès de ses libéralités. C'est donc à la loi en vigueur au moment du décès, à régler l'étendue de toutes les dispositions gratuites faites par le défunt, sans aucune distinction entre elles : tel est le principe.

La loi du 17 nivose s'y était conformée pour les dispositions entre époux, dans l'article 13, qui, d'une part, maintient le plein et entier effet des avantages stipulés entre époux lors existans ; et, d'autre part, ordonne qu'ils seront sujets, en cas d'enfans, à la réduction nouvelle.

La loi du 9 fructidor suivant, n'a pas suivi le même principe : l'assemblée nationale avait été consultée sur le sort des dispositions entre époux, lorsque, faites avant la promulgation de la loi du 17 nivose (1), elles excédaient le point indiqué par les lois d'alors. Pour se conformer à la loi du 17 nivose, il aurait fallu répondre que, dans les successions ouvertes depuis la promulgation, les dispositions gratuites antérieures étaient toutes sujettes à la réduction nouvelle, et ne pouvaient l'être aux réductions anciennes. Au contraire, on répond, *art.* 35, « que s'il s'agit de dispositions dont l'effet ait » été ouvert avant la promulgation de la loi du 17 nivose, » elles doivent être ramenées à ce terme (aux lois subsistantes au moment que leur effet a été ouvert); mais » qu'à l'égard des dispositions dont l'effet s'est ouvert » depuis, elles n'ont d'autre règle que les articles 13 et 14 » de la loi du 17 nivose. » (2).

---

(1) On a substitué les mots, *avant la promulgation de la loi du 17 nivose*, à ceux, *avant le 14 juillet 1789*, qui sont dans le texte de la question et de la réponse. Cette substitution est nécessaire pour établir le vrai sens de la décision, depuis la suppression de l'effet rétroactif.

(2) Peut-être prétendra-t-on que le comité de législation, qui a proposé les deux lois des 17 nivose et 9 fructidor, n'a pas varié dans ses principes, parce qu'en déclarant sujets à la réduction nouvelle, les avantages stipulés entre époux encore existans, on n'a entendu y assujétir que les dispositions dont l'effet n'était pas encore ouvert, les avantages stipulés entre époux ne s'ouvrant, au profit du survivant, que par la mort du prédécédé.

Il est vrai que les avantages stipulés entre époux, sont ordinairement des gains de survie, qui, par cette raison, ne s'ouvrent

Depuis ces deux lois, est survenue celle du 18 pluviose an 5. Il n'est pas aisé de décider si l'article premier de cette dernière loi a dérogé, quant aux avantages entre époux, à l'article 35 de celle du 9 fructidor, qui vient d'être rapporté.

Les rédacteurs de la loi du 18 pluviose, dira-t-on d'un côté, ont préjugé en principe que les dispositions irrévocables devaient avoir tout leur effet, suivant les lois existantes, au moment de leur confection. Ils en ont conclu, en abolissant l'effet rétroactif, que pour déterminer le sort des avantages faits par actes antérieurs à la promulgation de la loi du 17 nivose, soit avant soit depuis le 14 juillet 1789 au préjudice des héritiers, dans les successions ouvertes depuis la promulgation de la même loi, soit avant soit depuis celle dont ils s'occupaient, il fallait distinguer les dispositions irrévocables et les dispositions révocables, et régler en tout les premières par les lois précédentes. Ils ont ensuite réfléchi que,

qu'au décès du premier mourant : mais il peut se rencontrer des avantages entre époux, qui ne soient pas gains de survie, tels que la donation dès-à-présent en toute propriété de tel immeuble désigné, la donation faite dès-à-présent par le futur à sa future, de tous les droits qu'il avait contre elle, résultans d'un jugement en dernier ressort. Ce sont ces avantages présens, ayant leur effet du moment de la stipulation pendant le mariage, et sans attendre sa dissolution, dont la réduction est réglée différemment par les lois ci-dessus citées ; savoir, suivant le mode nouveau par celle du 17 nivose, et suivant le mode ancien par celle du 9 fructidor.

dans l'intervalle du 14 juillet 1789, à la promulgation de la loi du 17 nivose, il était intervenu, 1°. la loi du 7 mars 1793, qui abolit en ligne directe la faculté de disposer, à titre gratuit, au profit d'un enfant, au préjudice des autres; 2°. celle du 5 brumaire, qui fixait au sixième la portion disponible, à titre gratuit, au préjudice des collatéraux. Ils en ont conclu que, parmi les avantages irrévocables, il n'y en avait de sujets aux lois anciennes que ceux légitimement stipulés avant ces époques. Ce sont ces différentes considérations qui les ont déterminés à rédiger l'article premier dans les termes suivans :

« Les avantages, prélevemens, préciputs, donations » entre-vifs, institutions contractuelles, et autres dispo- » sitions irrévocables de leur nature, légitimement stipulés » en ligne directe, avant la publication de la loi du 7 » mars 1793, et en ligne collatérale, ou entre individus » non parens antérieurement à la publication de la loi » du 5 brumaire an 2, auront leur plein et entier effet, » conformément aux anciennes lois, tant sur les suc- » cessions ouvertes jusqu'à ce jour, que sur celles qui » s'ouvriront à l'avenir. » Cette loi faisant le dernier état de la législation sur cette matière, il faut admettre le même principe que ses rédacteurs : en conséquence, pour régler dans une succession ouverte depuis la promulgation de la loi du 17 nivose, la réduction des avantages entre époux résultans d'un acte antérieur, il faut distinguer si ces avantages étaient irrévocables ou révocables : au premier cas, ils seront sujets à la réduction,

suivant

suivant les lois anciennes ; au second, suivant la loi du 17 nivose.

La loi du 9 fructidor an 3, dira-t-on d'un autre côté, avait aboli l'effet rétroactif de la loi du 17 nivose ; celle du 3 vendémiaire an 4, avait réglé les effets de cette abolition : comme elle n'avait pas tout prévu, il s'est élevé différentes difficultés, sur lesquelles celle du 18 pluviose an 5, s'est proposée de prononcer. Mais les avantages entre époux avaient été exceptés, par l'art. 13 de la loi du 17 nivose, de la rétroactivité que prononçait l'article premier de la même loi. Ainsi celles des 3 vendémiaire an 4, et 18 pluviose an 5, relatives à l'abolition de la rétroactivité, sont étrangères à ces avantages : elles ne peuvent influer sur leur sort, il faut s'en tenir aux lois précédentes ; en conséquence, à l'art. 35 de celle du 9 fructidor an 2, lequel est précis pour les dispositions entre époux.

Les sectateurs de la première opinion opposeront : la loi du 17 nivose avait établi en principe général que les donations antérieures resteraient sujettes aux lois précédentes, dans les successions échues depuis l'époque de séparation du droit ancien et du droit nouveau, lorsque deux circonstances se rencontreraient, l'irrévocabilité de l'acte, et l'inaliénabilité de la part du disposant, comme on voit par les dispositions que contiennent les art. 1er. de la loi du 17 nivose, et 1er. de celle du 9 fructidor suivant. Quoique l'époque de séparation ne fut pas la même pour les avantages entre étrangers sujets à la rétroactivité, et les avantages entre époux non sujets à la rétroactivité, on ne peut néanmoins douter que son

intention ne fût, d'adopter la même régle pour les donations antérieures aux deux époques : la loi du 18 pluviose
an 5 a changé la règle pour les avantages ordinaires, en
statuant que l'irrévocabilité de l'acte suffirait ; elle l'a
pareillement changé pour les avantages entre époux.

Les sectateurs de la seconde opinion répliqueront : la
convention n'a pas entendu décider par le même principe, si les donations entre étrangers et les donations
entre époux, antérieures à l'époque de séparation du
droit ancien et du droit nouveau, resteraient sujettes à
la réduction suivant les lois précédentes, dans les successions échues depuis. La preuve s'en trouve dans deux
dispositions d'une même loi, celle du 17 nivose : l'art. 13
déclare les avantages entre époux, antérieurs à l'époque
de séparation des deux droits, sujets, dans tous les cas,
à réduction, suivant le mode nouveau ; tandis que
l'art. 1er. laisse sujettes à réduction, suivant le mode
ancien, les donations entre étrangers, antérieures à
l'époque de séparation des deux droits (au 14 juillet.)

De ces deux opinions, la seconde doit être préférée :
on ne peut appliquer aux avantages entre époux des lois
qui leur sont étrangères. La loi du 3 vendémiaire an 4,
n'a d'autre but, comme on voit par son préambule, que
celui de remédier aux effets de la rétroactivité à laquelle
les avantages entre époux n'ont jamais été soumis.
L'article 1er. de la loi du 18 pluviose an 5, qu'on voudrait
étendre aux avantages entre époux, n'y a pas de rapport : il s'applique à trois sortes d'avantages qui y sont
détaillés, donation en ligne directe, donation en ligne
collatérale, donation entre individus non parens : on ne

peut comprendre les avantages entre époux sous aucune de ces trois dénominations. En conséquence, faut-il régler dans une succession ouverte depuis la publication de la loi du 17 nivose, l'étendue des avantages entre époux faits par acte antérieur? Il faudra suivre l'art. 35 ci-dessus cité. On réduira, suivant le mode ancien, les avantages dont l'effet s'est ouvert avant la publication, telles que les donations entre-vifs, dont l'effet est présent au moment de la disposition; et suivant le mode nouveau, les avantages dont l'effet s'est ouvert depuis, telle que la donation à cause de mort, contenue, soit dans un acte de dernière volonté, soit dans un acte entre-vifs : leur effet n'a lieu qu'à la mort du disposant.

84. Observez que cette décision donne lieu à des conséquences qui paraîtront bien singulières.

Primo. De deux donations contenues dans le même contrat, l'une pourra être réduite suivant l'ancien mode, et l'autre suivant le nouveau. Ce cas arrivera, toutes les fois que l'une aura son effet présent, et l'autre n'aura effet qu'à la mort du disposant : tel est, par exemple, le contrat de mariage, où d'une part, le futur donne dès-à-présent à sa future une maison ou héritage ; et d'autre part, lui fait donation pour une portion quelconque, des biens qui composeront sa succession.

Secundo. De deux donations antérieures à la promulgation de la loi du 17 nivose, mais consenties à des époques différentes, la première peut être sujette à réduction, suivant le mode nouveau ; tandis que la seconde sera sujette à réduction, suivant le mode ancien. Ce cas arrivera, toutes les fois que la première n'aura effet qu'à la mort du disposant, tandis que la seconde aura son effet présent. On en peut donner pour exemple l'espèce suivante :

Par contrat de mariage de 1787, le mari fait à sa future, donation pour un tiers des biens qui composeront sa succession. Le 1er. septembre 1792, il lui fait donation entre-vifs d'une maison : il décède le 5 messidor an 7, laissant des enfans. La seconde donation ayant eu effet dès son origine, avant la promulgation de la loi du 17 nivose, sera réductible, suivant l'ancien mode : l'autre, quoique plus ancienne en date, sera réductible, suivant le nouveau mode, parce que son effet ne s'ouvre qu'à la mort du disposant, en l'an 7, postérieurement à la promulgation de la loi du 17 nivose an 2.

Ces singularités ne subsisteraient pas si l'on eût conservé la disposition de la loi du 17 nivose, qui, conformément aux principes, assujétissait à la réduction nouvelle, dans les successions ouvertes depuis sa promulgation, toutes les donations entre époux, sans distinction de celles qui seraient antérieures ou postérieures à sa promulgation.

85. Quel sera dans une succession ouverte depuis la publication, l'effet de l'institution contractuelle, faite par un époux en faveur de son époux, dans un contrat de mariage antérieur ?

L'institution contractuelle a été stipulée, dans un temps où la loi autorisait cette sorte de disposition : elle est valable. Mais elle est réductible, suivant le mode nouveau : son effet s'ouvre depuis la publication à la mort de l'instituant; c'est à cette époque seulement, que l'institué recueille et peut recueillir sa succession.

En vain opposerait-on que l'institution contractuelle est rangée, par l'article 1er. de la loi du 18 pluviose an 5, dans la classe des donations irrévocables qui doivent avoir leur effet, conformément aux lois anciennes : il a déja été répondu que cette dernière loi ne pouvait s'appliquer aux avantages entre époux.

86. Les avantages faits par la veuve à son second mari, dans un acte antérieur à la promulgation de la loi du 17 nivose, seront-ils reductibles, suivant la même loi, dans les successions ouvertes depuis, ou suivant l'édit des secondes noces ?

D'après ce qui vient d'être dit, il faut distinguer parmi ces avantages, ceux dont l'effet s'est ouvert avant la publication, au moment de la disposition ; et ceux dont l'effet s'est ouvert depuis, au moment du décès de la veuve : les premiers sont réductibles, suivant l'édit des secondes noces ; les seconds, suivant la loi du 17 nivose.

87. Quel sera en pareille circonstance le sort de la donation de part d'enfant ?

L'effet de la donation de part d'enfant, ne s'ouvre qu'à la mort du donateur depuis la loi nouvelle. Elle est sujette pour la réduction au mode nouveau : en conséquence,

Primo. Au cas qu'il y ait enfans, elle sera réductible au simple usufruit de la part donnée.

Secundo. Au cas qu'il n'y ait pas d'enfans, elle ne

sera pas réductible à l'usufruit ; mais elle aura lieu en toute propriété.

Elle n'aura cependant pas lieu pour la totalité des biens de la succession, parce que le mot *part* est exclusif de la totalité, conformément à ce qui se pratiquait sous l'ancien régime. Tel était l'avis de Ricard, *donat. part.* 3, *n.* 1281 ; Lacombe, au mot *noces, p.* 1, *sect.* 5, *n.* 6 ; et Pothier, *contr. de mar. n.* 598 : il a été adopté par un arrêt du parlement de Paris, du 21 juin 1763, rapporté dans Denisart, 1771 ; *noces, n.* 24.

88. Quel sera dans une succession ouverte depuis la promulgation de la loi du 17 nivose, le sort du don mutuel consenti par acte antérieur à la même promulgation ?

C'est aux lois anciennes à décider si pareille convention est valable : en conséquence, elle sera valable dans tous les pays de la France où les époux pouvaient s'avantager par une pareille convention. Voyez le *n.* 10.

Il a été exposé, *n.* 11, que le don mutuel était, avant la loi du 17 nivose, assujéti, quant à l'étendue de ses dispositions, à plusieurs conditions, dont l'inobservation entraînait la nullité entière du don mutuel ; et que ces conditions ne subsistaient plus, à l'égard des dons mutuels consentis par acte postérieur. Les mêmes conditions ne doivent pas non plus s'appliquer aux dons mutuels dont il s'agit ici, quoique consentis par actes antérieurs, puisque l'étendue de leurs dispositions se règlent par la loi du 17 nivose. Il faut donc étendre aux dons mutuels consentis avant la promulgation de la loi, les cinq décisions données ci-devant *ibid.* pour les dons mutuels consentis depuis : en conséquence, dans les successions onvertes depuis la promulgation de la loi du 17 nivose, les dons mutuels consentis par actes antérieurs, seront valables dans la coutume de Paris, 1°. quand bien même il y aurait inégalité, dans les biens donnés de part et d'autre ; 2°. quand bien même ils contiendraient donation, d'objets qui ne feraient pas partie de la communauté ; 3°. quand bien même la donation serait faite en propriété ; 4°. quand bien même il y aurait des enfans, sauf la réduction à l'usufruit ; 5°. ils seront valables malgré la grande disproportion d'âge des époux, dans les coutumes qui exigeaient qu'ils fussent égaux, ou presque égaux en âge.

SECTION II.

Influence de la loi du 17 nivose, sur les avantages légaux entre époux, résultans d'un mariage antérieur à sa publication, et réclamés dans une succession ouverte depuis.

89. Deux questions se présentent au sujet des avantages légaux, résultans de mariages antérieurs à la promulgation, dont l'exécution est réclamée dans une succession ouverte depuis. Sont-ils valables ? et s'ils sont valables, suivant quel mode sont-ils réductibles ?

Et d'abord, nul doute que pareils avantages ne soient valables. Dans les circonstances posées, les époux vivaient au moment de la publication de la loi du 17 nivose ; et l'article 13 conserve nommément « tous les avantages . . . . . entre les époux encore existans . . . . . qui se trouveraient établis dans certains lieux, par les coutumes, statuts ou usages. . . . . . »

90. Ces mêmes avantages sont réductibles suivant la loi du 17 nivose : l'article 13 veut que ces avantages aient leur plein et entier effet ; et néanmoins, en cas d'enfans, il les assujétit à la réduction nouvelle.

Malgré sa décision précise, quelques doutes se sont formés : ils ont été levés par les lois des 22 ventose et 9 fructidor, *art.* 9. La première fut rendue sur plusieurs pétitions, dont une tendait à ce que les avantages conférés par les statuts aux époux, fussent maintenus comme ceux qui étaient l'effet de la stipulation : il fut répondu, 22 *vent. art.* 10, « que cette identité sort évidemment des termes de l'article 13 de la loi du 17 nivose, qui maintient les dispositions *même statutaires*, sous la foi desquelles les époux s'étaient engagés. »

91. Les avantages légaux assujétis à la réduction de la loi du 17 nivose, sont assimilés aux avantages conventionnels : le donataire, par la volonté de la loi, est réputé donataire par la volonté de l'héritier, qui aurait pu déroger à la loi par une convention contraire.

Par cette raison, ces avantages seront réduits à l'usufruit, si la loi les faisait en propriété ; et leur usufruit, soit seul, soit réuni à celui des avantages conventionnels, réduit à la moitié du revenu, dans le cas où il viendrait à l'excéder.

92. Pour connaître s'il y a lieu à réduction, il faudra que le revenu de ces avantages légaux reste compris dans l'état des revenus de la succession ; et qu'ainsi il fasse partie de la masse à comparer, pour fixer le disponible en faveur du survivant. On a vu ci-devant, *n.* 54, que le revenu de la chose donnée au survivant, doit faire nécessairement partie de la masse à comparer pour fixer le disponible en faveur du même survivant.

Lorsque la veuve, par exemple, jouit à titre de douaire légal d'une portion des biens de son mari, il faut en laisser le revenu dans l'état des revenus du mari, et fixer la portion disponible à la moitié du revenu total : l'enfant héritier serait mal fondé à vouloir retrancher ce revenu de l'état des revenus de son père, pour réduire la veuve à l'usufruit de la moitié du surplus.

93. Nous avons vu, *n.* 17, qu'il n'y avait plus lieu aux avantages légaux dans les mariages postérieurs à la publication de la loi du 17 nivose. Nous venons de voir que ces mêmes avantages étaient maintenus, lorsqu'ils résultaient de mariages antérieurs. Ils jouissaient, sous l'ancienne législation, de prérogatives qui leur étaient particulières : sont-ils maintenus avec les mêmes prérogatives ?

Nul doute pour l'affirmative : la loi du 17 nivose veut, *art.* 13 , qu'ils aient leur plein et entier effet.

94. Néanmoins ils ne peuvent pas jouir des prérogatives, qui se trouveraient incompatibles avec quelque loi nouvelle.

Nous en donnerons ici deux exemples relatifs au douaire.

La loi du 11 brumaire an 7, sur le régime hypothé-caire, substitué à l'édit des hypothèques, fournira le *premier*. L'hypothèque du douaire avait le privilège de ne pouvoir être purgée par les lettres de ratification ; elle est purgée par la transcription. Le douairier n'était pas obligé de former opposition au sceau des lettres de ra-tification : maintenant s'il veut conserver son hypothèque, il faut qu'il requierre l'inscription comme tout autre hypo-thécaire. Les hypothèques les plus privilégiées, même celles de la nation, sont assujéties à la nécessité de l'inscription. L'hypothèque du douaire avait été nommé-ment exceptée par la loi de 1771, *art.* 32 : elle ne la point été par celle-ci ; elle est sujette aux mêmes règles que les autres, pour le peu de temps qu'il peut encore y avoir lieu au douaire.

La seconde loi du 11 brumaire an 7, sur les ex-pro-priations forcées, fournit un *second* exemple.

La propriété de l'héritage concédé à titre de douaire, était imprescriptible du vivant du mari, qui a constitué le douaire. Maintenant, en cas de vente forcée, elle est prescriptible comme toute autre propriété, *art.* 25, par dix ans de possession, par l'acquéreur judiciaire sur expropriation forcée. On ne voit pas que dans les autres articles de la loi, il ait été fait à cette règle une exception relative aux immeubles concédés à titre de douaire : ils y sont compris. Elle a une grande connexité avec celle du même jour, sur le régime hypothécaire : le silence de l'une et de l'autre, sur le douaire, doit être inter-prétée dans le même sens : point de règle extraordinaire pour un droit détruit à l'avenir, et duquel on a conservé seulement les conventions subsistantes (1).

---

(1) Qui requerra l'inscription ? qui formera la demande en revendication au nom des enfans ?

La loi n'a rien statué à cet égard.

L'inscription peut être requise en leur nom, par la femme, par un parent, par le commissaire du pouvoir exécutif chargé de veiller à l'intérêt des mineurs.

La demande en revendication sera formée par un curateur aux enfans nés et à naître : il ne revendiquera pas la jouissance actuelle, mais seulement la nue-propriété, pour être l'héritage restitué aux enfans, au cas que douaire ait lieu.

On pensait autrefois que les enfans ne pouvaient, du vivant de leur père, exercer aucune action relative au douaire : alors ils n'en avaient pas besoin, parce que le douaire était imprescriptible. Maintenant qu'ils peuvent être privés, pendant la vie de leur père, de l'avantage éventuel du douaire, il est nécessaire de leur accorder une action conservatoire.

La femme veillera par elle-même à former sa demande en revendication, s'il y a lieu.

Elle a dû requérir l'inscription de l'hypothèque de son douaire, avec celle de ses autres conventions matrimoniales.

Il ne faut pas perdre de vue que l'inscription de l'hypothèque du douaire a dû être requise, soit au nom de la femme, soit au nom des enfans, dans les délais accordés pour la conservation des anciennes hypothèques ; et qu'à défaut de l'avoir requise dans ces délais, l'inscription subséquente ne fera valoir l'hypothèque qu'à la date du jour où elle aura été requise.

SECTION III.

Influence de la loi du 17 nivose, sur les avantages faits entre époux par testament antérieur.

95. Il faut, comme dans les deux sections précédentes, examiner d'abord la validité de la disposition en elle-même ; ensuite son étendue, si elle est jugée valable.

Et d'abord pareil avantage est-il valable en lui-même ?

Il est valable dans les provinces où il était autorisé par les lois précédentes, comme les pays de droit écrit, et plusieurs de nos coutumes.

Il est pareillement valable dans les provinces où il était défendu par les lois précédentes, par la raison qu'il s'y trouve permis au moment du décès.

C'est à la loi en vigueur au moment du décès, à décider si l'époux a pu valablement faire, en faveur de son époux, une disposition testamentaire. Ces sortes de dispositions n'ont d'existence assurée que par le décès du testateur, il conserve jusqu'au dernier instant de sa vie la faculté de les révoquer : sa volonté qu'elles soient exécutées, n'est stable qu'à son décès ; il la renouvelle tous les jours qu'il passe sans révoquer son testament, et même le dernier jour de sa vie. Lorsque la loi en vigueur au moment du décès, permet la libéralité, le testateur manifeste, le dernier jour de sa vie, une volonté autorisée par la loi ; elle doit avoir son effet : tel est le principe général qui reçoit ici son application. L'époux peut, dans une succession ouverte depuis la loi du 17 nivose, profiter de l'avantage testamentaire que lui a fait son époux, comme permis au moment du décès du testateur.

En vain opposerait-on que l'avantage permis au moment du décès, ne l'était pas au moment de sa concession ; et qu'ainsi il est nul, comme accordé contre la disposition de la loi, ainsi que nous venons de le décider en pareille circonstance, *n.* 82, pour les avantages conventionnels.

Cette circonstance qui empêche l'exécution de l'avantage conventionnel, ne doit pas empêcher l'exécution de l'avantage testamentaire : elle ne fait pas obstacle au principe de la révocabilité des dispositions testamentaires. Le testateur qui, depuis la loi nouvelle, n'a pas révoqué son testament, a manifesté chaque jour son intention de laisser exécuter une disposition originairement défendue, mais présentement permise. Cette disposition renouvelée dans le temps où la loi la permet, ne peut manquer d'avoir son effet.

• Il y a entre les avantages conventionnels et les avantages testamentaires, cette grande différence, que les premiers sont irrévocables : l'effet de la volonté du donateur est irrivocablement fixé au moment de la confection de l'acte : si la loi en vigueur à cette époque, défend la disposition, elle est nulle, sans que la loi subséquente puisse la faire revivre. Les avantages testamentaires, au contraire, sont révocables chaque jour de la vie : à défaut de révocation, le testateur manifeste tous les jours, et même le dernier de sa vie, son intention, que la disposition contenue dans son testament, soit exécutée. L'effet de sa volonté n'est irrévocablement fixé qu'au moment de son décès : la circonstance que sa disposition est alors autorisée , suffit pour en assurer l'exécution , sans égard au temps de la confection du testament.

96. Il vient d'être établi que c'était à la loi en vigueur au moment du décès , à déterminer la validité de l'avantage testamentaire fait à l'époux : ce sera à la meme loi à régler l'étendue de l'avantage qu'elle détermine valable; ainsi c'est à la loi du 17 nivose à régler l'étendue de l'avantage fait à l'époux dans un testament antérieur à sa publication , parce que c'est d'après ses dispositions que pareil avantage est déterminé valable.

En pays de droit écrit, où les époux pouvaient se léguer en propriété , quoiqu'ils eussent des enfans , pareil avantage consigné dans un testament antérieur à sa publication , n'en sera pas moins, suivant la loi du 17 nivose, réduit à un simple usufruit de la chose léguée ; et ce même usufruit réduit, en cas d'excès, au revenu de la moitié des biens.

SECONDE PARTIE.

Du concours de l'avantage fait à l'époux avec d'autres avantages.

97. L'avantage fait à l'époux peut concourir, 1°. avec d'autres avantages entre époux, 2°. avec des avantages faits au profit d'étrangers (1).

CHAPITRE PREMIER.

Concours de l'avantage fait à l'époux avec d'autres avantages faits entre époux.

L'avantage fait à l'époux peut concourir avec des avantages faits au même époux, ou des avantages faits à un époux précédent.

(1) Le mot *étranger* sera employé dans cette seconde partie pour signifier, à l'égard du disposant, tout autre donataire que son conjoint, fussent même ses enfans.

SECTION PREMIÈRE.

Concours des avantages faits au même époux.

Les avantages faits au même époux, sont sujets pour la réduction à la même législation, ou à des législations différentes.

Lorsque les avantages faits au même époux sont sujets pour la réduction à la même législation, soit l'ancienne, soit la nouvelle, point de difficulté : on suivra pour la réduction de ces différens avantages, l'ordre indiqué dans la section 5 du chapitre 5 de la première partie.

98. La circonstance que les avantages faits au même époux, ne sont pas sujets pour la réduction à la même législation, mais les uns à la législation ancienne, les autres à la loi du 17 nivose, peut se présenter, ainsi qu'il a été observé, *n.* 84, lorsque dans le nombre des avantages faits à l'époux, il y en a dont l'effet s'est ouvert avant la publication de la loi du 17 nivose, et d'autres dont l'effet ne s'est ouvert que depuis. Comment procéder à la réduction que l'enfant héritier veut faire subir à ces deux classes de donations ?

Les donations de la première, doivent avoir leur exécution préférablement à celles de la seconde. La réserve de l'héritier, n'est pas la même à l'égard des deux classes : on ne doit pas avoir égard, dans la réduction de celles de la seconde, à la réserve relative à la première. Au lieu de suivre la marche ordinaire, qui consiste à rechercher d'abord les donations les plus récentes, et remonter

aux

aux plus anciennes, il devient nécessaire de l'intervertir, de rechercher d'abord les donations de la première classe, sujettes à l'ancienne législation, et ensuite les donations de la seconde classe, sujettes à la législation nouvelle. C'est la méthode que nous avons adoptée dans notre explication de la loi du 4 germinal an 8, *n*. 72, pour régler la réduction des donations de ces deux classes, faites à des individus différens : il y a même raison de l'employer ici pour concilier, à l'égard du même donataire, les droits relatifs à chaque classe de donation.

99. Il faudra examiner,

Primo. Si les donations de la première classe sont, ou ne sont pas excessives suivant les lois précédentes.

Au premier cas, elles seront réduites suivant l'ancien mode.

Au second cas, elles auront leur entière exécution, quand même elles se trouveraient susceptibles de réduction, suivant le nouveau mode : la donation faite en propriété ne sera pas réductible au simple usufruit.

100. *Secundo.* Si l'usufruit des donations de la première classe est plus grand, égal ou moindre que l'usufruit de moitié, dont on peut disposer par la loi du 17 nivose, en faveur de son conjoint.

Lorsque l'usufruit des donations de la première classe est plus grand ou égal à la moitié disponible en revenu, les donations de la seconde classe sont sans effet.

Lorsque le même usufruit est moindre que la moitié disponible, alors l'usufruit réuni des donations des deux classes, excède ou n'excède pas cette moitié disponible.

1°. S'il excède cette moitié, les donations de la seconde classe seront réductibles, et auront effet seulement, quant à la portion d'usufruit nécessaire pour compléter la moitié du revenu.

2°. S'il n'excède pas la moitié disponible, les donations de la seconde classe auront leur entière exécution, quant à l'usufruit.

En vain opposerait-on à ces décisions, que les donations de la première classe ayant tout leur effet, les donations de la seconde doivent avoir pareillement leur entier effet, quant à l'usufruit de la moitié; et que mal-à-propos on impute sur le disponible de la seconde classe l'usufruit des donations de la première, la loi du 17 nivose n'ayant pas ordonné cette imputation.

Il est vrai que la loi du 17 nivose n'a pas ordonné cette imputation ; mais elle est la conséquence nécessaire de la réserve qu'elle fait en faveur de l'enfant héritier, de l'usufruit de la moitié des biens de son père. Pour empêcher que cette réserve ne soit entamée par des donations de la seconde classe, que le père aurait faites à son conjoint, il devient nécessaire d'imputer, sur le disponible par donations de la seconde classe, l'usufruit à lui précédemment assuré par des donations de la première. Le conjoint n'a pas à se plaindre : il conserve en propriété la donation autorisée par les lois précédentes : il acquiert en entier l'usufruit de la moitié qui est la portion disponible, par la loi du 17 nivose.

101. Les décisions données étant établies d'une manière certaine, nous y joindrons deux exemples.

Premier exemple. Un homme veuf donne entre-vifs à sa seconde femme, 1°. par contrat du 25 janvier 1792, l'entière propriété d'un domaine ; 2°. par contrat du 7 thermidor an 4 , l'usufruit d'une maison, et décède le 20 fructidor an 7, laissant quatre enfans du premier lit.

	Val. des fonds.	Revenu.
Domaine donné par le contrat de 1792......................	40,000 f.	3,000 f.
Maison dont l'usufruit a été donné en l'an 4......................	36,000	3,200
Biens extans de la succession, dettes déduites......................	74,000	4,000
Masse de propriété à comparer pour la première donation...............	150,000 f.	
Il y a 4 enfans, cinquième disponible.	30,000	
Montant de la donation............	40.000	
Excédent à retrancher............	10,000 f.	
Masse de revenu à comparer pour seconde donation...............		10,200 f.
Moitié disponible...............		5,100
A diminuer l'usufruit de la première donation...............	3,000 f.	
Elle n'a effet que pour 30,000 f. part d'enfans, au lieu de 40,000 f., valeur entière du domaine ; que pour les trois quarts...............	2,250 ci	2,250
Reste de disponible en revenu par la seconde donation...............		2,850 f.
Il a été disposé de...............		3,200
A retrancher l'usufruit de la maison jusqu'à concurrence de...............		350 f.

La première donation aura lieu en toute propriété pour 30,000 f. : la seconde donation aura lieu pour un revenu de 2,850 f.

Second exemple. Un mari donne entre-vifs à sa femme, par contrat de 1791, une maison valant 12,000 f., et dont le revenu est 900 f. : il décède le 8 nivose an 7, après avoir légué à sa femme l'usufruit d'une somme de 3,000 f. : il laisse à un fils unique, dettes prélevées, des biens de valeur de dix mille francs, ci . . 10,000 f.

Maison donnée entre-vifs 12,000

Masse à comparer pour la donation entre-vifs . . . . . 22,000 f.

Moitié disponible ; l'autre moitié réservée pour la légitime de l'enfant 11,000

Donation entre-vifs 12,000

A retrancher sur cette donation . . . . 1,000 f.

C'est-à-dire un douzième de la maison : la veuve donataire entre-vifs, n'en sera propriétaire que pour le surplus ; et au lieu d'un revenu de . . . . 900 f.

Elle touchera seulement 825 f.

Revenu des biens extans dans la succession après le prélevement des dettes 600

Masse en revenu à comparer pour le legs . . . . 1,500 f.

Moitié disponible 750

Elle est absorbée par la précédente donation de 825

Le legs n'aura pas son effet.

SECTION II.

Concours des avantages faits à différens époux.

102. Le concours dans la même succession, d'avantages faits à différens époux, ne peut se rencontrer que rarement.

Le premier mariage s'est dissous par le divorce ou par la mort.

Lorsque le premier mariage s'est dissous par le divorce, l'avantage fait par le défunt à son premier époux, est antérieur ou postérieur au divorce.

L'avantage antérieur est annullé par le divorce subséquent. L'avantage n'a été fait qu'en considération de la qualité d'époux, que les contractans espéraient devoir durer, jusqu'au décès du premier mourant : il doit s'évanouir par la destruction prématurée de la même qualité (1).

---

(1) Nous disons que tout avantage fait par un époux à son époux, est anéanti par le divorce, sans aucune distinction des causes qui l'ont produit.

Le citoyen Vermeil, en son explication des lois nouvelles, sur le mariage et le divorce, *ch. 2*, *sect. 2*, §. 5, s'écarte de cette décision, dans le cas où le divorce est provoqué pour cause d'incompatibilité d'humeurs : il établit une distinction entre les avantages stipulés en faveur du provoquant, et ceux stipulés en faveur du provoqué ; il convient que ceux stipulés en faveur du provoquant, doivent être annullés, parce qu'ils ne lui ont été accordés qu'en considération d'un lien rompu par lui-

Par cette raison, la loi du 20 septembre 1792 déclare éteints et sans effets, §. 3, *art.* 6, tous les avantages pour cause de mariage, que les époux ont pu se faire, soit réciproquement, soit l'un à l'autre, et les dons mutuels faits pendant le mariage et avant le divorce.

Quoique cette loi ne déclare pas pareillement sans effet les avantages simples et non mutuels que les époux se sont faits pendant leur union, on ne peut douter néanmoins que ce ne soit son intention. Son but a été de déclarer sans effet tous les avantages généralement quelconque accordés à la qualité d'époux, détruite par le divorce : en conséquence, elle a prononcé cette révocation de droit, 1°. non-seulement contre les avantages conventionnels pour cause de mariage, résultans de la volonté des époux, mais encore *ibid.* contre ceux de ces

---

même. Il ajoute qu'il ne doit pas en être ainsi à l'égard des avantages stipulés au profit du provoqué répudié par inconstance : il n'a pas mérité de les perdre, n'ayant pas manqué à son engagement.

Pareille décision ne peut être adoptée contre la disposition précise de la loi. Supposons que le mari en considérant du mariage, ait donné entre-vifs à sa future un domaine considérable, le mari provoque le divorce pour cause d'incompatibilité d'humeurs, et le fait prononcer. La donation du domaine sera-t-elle anéantie ? le citoyen Vermeil décide la négative : la loi du 20 septembre 1792, décide l'affirmative en déclarant, §. 3, *art.* 6, éteints et sans effets, *dans tous les cas de divorce*, les dons ou avantages pour cause de mariage, que les époux ont pu se faire l'un à l'autre, telle que la donation dont il s'agit dans l'espèce.

avantages qui auraient pu être faits à l'un d'eux par les père, mère, et autres parens de son conjoint ; 2°. non-seulement contre les avantages conventionnels, mais même *ibid.* contre les avantages légaux, douaire, augment de dot, etc. Peut-on penser, après ces dispositions formelles, qu'elle ait entendu laisser subsister les avantages simples faits hors le contrat de mariage, procédans de la volonté des époux ?

La loi du 22 ventose an 2, contient à cet égard, une décision applicable à toute espèce d'avantages. Il avait été présenté pétition, tendante à ce qu'il fût déclaré si les avantages entre époux divorcés auraient leur effet. Les législateurs persuadés que la négative ne pouvait souffrir difficulté, répondent qu'il n'y avait lieu à délibérer. La raison qu'ils en donnent, *disp.* 15, « est que » la seule faveur due au mariage, a fait en cette matière » prévaloir un systême de *libéralité* qui cesse, lorsqu'en » rompant le contrat, les époux redeviennent étrangers » l'un à l'autre. »

103. Lorsque le défunt a fait depuis le divorce, un avantage à son premier époux, ils étaient dès lors étrangers l'un à l'autre ; l'avantage fait aura le même sort, que celui fait à un étranger. Voyez le chapitre 2.

Il faut ranger dans la classe des avantages postérieurs au divorce, le legs fait par un testament qui lui serait antérieur, à cause de la révocabilité du testament, qui ne lui donne d'existence certaine qu'à la mort. Le défunt, qui ne l'a pas révoqué depuis le divorce, a démontré l'intention que son legs eût son effet, malgré la circonstance du divorce.

104. Lorsque le premier mariage s'est dissous par la mort, les avantages faits au premier époux sont des gains de survie, ou des donations entre-vifs.

Si les avantages faits au premier époux sont des gains de survie, ils se sont évanouis par son prédécès ; il ne peut y avoir lieu au concours des avantages faits aux deux époux.

Si les avantages faits au premier époux sont des donations entre-vifs, les avantages faits aux deux époux peuvent se trouver en trois cas différens : 1°. ils sont tous sujets pour la réduction aux lois précédentes ; 2°. ils sont tous sujets pour la réduction à la loi du 17 nivose ; 3°. ils sont sujets à des réductions différentes : ceux faits au premier époux suivant l'ancienne législation, ceux faits au second suivant la loi du 17 nivose.

Au premier cas, le concours ne donne lieu à aucune difficulté nouvelle.

Au second cas, les avantages faits au premier époux sont devenus caducs par son prédécès, la loi les réduisant à un simple usufruit : le second conjoint reste seul donataire.

105. Au troisième cas, les donations faites aux deux époux, doivent avoir le même sort, que si elles étaient faites au même époux. Elles doivent, dans l'un et l'autre cas, se régler chacune par la législation qui lui est propre : on commencera par celles faites au premier époux, ensuite on passera à celles faites au second. Les décisions données ci-devant, *n.* 99, pour les cas où les donations faites au même époux sont sujettes à des législations différentes, s'appliquent au cas présent, dans

lequel les donations faites à des époux différens, suivent des législations différentes : en conséquence,

Primo. La donation faite au premier époux, sera réduite suivant l'ancien mode : si elle n'excède pas les bornes prescrites par l'ancienne législation, elle aura son entière exécution, quand bien même elle serait susceptible de réduction, suivant la loi du 17 nivose.

Secundo. Les donations faites au second conjoint, ne pourront avoir lieu qu'en usufruit.

Elles seront sans effet, si l'usufruit des donations faites au premier époux, égale ou excède la moitié des revenus.

Lorsque l'usufruit des donations faites au premier époux, est au-dessous de la moitié des revenus, on distinguera pareillement si l'usufruit réuni des donations faites aux deux époux, excède ou non la moitié disponible : au premier cas, les donations faites au second conjoint seront réduites, et auront effet seulement, quant à la portion d'usufruit nécessaire, pour compléter la moitié disponible ; au second cas, les donations faites au second conjoint, auront leur entière exécution, quant à l'usufruit.

CHAPITRE II.

Concours de l'avantage fait à l'époux, avec des avantages faits au profit d'étrangers.

Nous poserons les règles qui déterminent les effets de ce concours; nous en ferons l'application aux différentes espèces qui peuvent se rencontrer.

SECTION PREMIÈRE.

Règles à suivre, lorsque l'avantage fait à l'époux concourt avec des avantages faits au profit d'étrangers.

RÈGLE Ire.

106. Les avantages faits en faveur de l'époux, ne s'imputent pas sur le disponible en faveur de l'étranger.

A ne consulter que les principes généraux sur la question de savoir, si dans le cas où il y a différence de quotité disponible, en faveur de différentes personnes avantagées par le défunt, on doit imputer sur le disponible, en faveur du second donataire, toutes les donations antérieures, on répondra l'affirmative. L'imputation est nécessaire, afin que l'héritier auquel la loi a constitué une réserve, ne soit pas lézé par la disposition postérieure, qui ne lui laisse pas intégralement sa réserve relative, lorsque jointe aux précédentes donations, elle excède le disponible en faveur de ce second donataire.

Supposons, par exemple, que la loi me défende de donner à un citoyen non parent, au-delà du quart, ou des trois douzièmes de ma fortume, et à un parent, au-delà de la moitié, ou six douzièmes : lorsque je donne à un citoyen non parent, je dois réserver à mon héritier les neuf douzièmes ; lorsque je donne à un parent, je dois réserver à mon héritier la moitié, ou les six douzièmes.

Lorsqu'après avoir donné à un citoyen non parent, jusqu'à concurrence de un douzième, je veux ensuite donner à un parent, je dois me conformer à la loi qui m'enjoint de réserver en pareilles donations six douzièmes à mon héritier. Alors je ne peux plus donner à mon parent les six autres douzièmes, mais seulement jusqu'à concurrence de cinq douzièmes, afin qu'il reste à mon héritier les six douzièmes que lui réserve la loi. Si je passe ces bornes, il pourra imputer à mon parent , sur le disponible en sa faveur, l'avantage que j'ai fait au premier donataire : sans cette imputation, il n'aurait pas intégralement sa réserve relative de six douzièmes.

Pareillement, lorsqu'après avoir donné à mon parent jusqu'à concurrence de deux douzièmes, je veux ensuite donner à un citoyen non parent, dans cette seconde donation, je dois réserver à mon héritier neuf douzièmes. Alors je ne peux donner au second donataire trois

douzièmes : je puis seulement l'avantager jusqu'à concurrence de un douzième, afin qu'il reste à mon héritier
les neuf douzièmes que lui réserve la loi. Si je passe ces
bornes, il imputera au second donataire, sur le disponible en sa faveur, l'avantage que j'avois précédemment
fait à mon parent : sans cette imputation, il n'aurait pas
intégralement sa réserve relative des neuf douzièmes.

Mais il n'est pas possible de suivre cette conséquence
des principes, et de vouloir imputer sur le disponible en
faveur de l'étranger, les avantages précédemment faits
au conjoint. La loi du 18 pluviose an 5, décide d'une
manière générale, que les avantages faits à l'époux ne
peuvent s'imputer sur le disponible en faveur de l'étranger : cette disposition est dans l'article 5, qui porte :
« Les avantages entre époux, maintenus par les articles
» 13 et 14 de la loi du 17 nivose, sur l'universalité des
» biens de l'auteur de la disposition, ne s'imputent pas
» sur le sixième ou dixième déclaré disponible entre
» toutes personnes par l'article 16 de la même loi. »
L'article 13 maintient les avantages stipulés entre époux
encore existans : l'article 14 donne effet à ceux qui pourraient avoir lieu à l'avenir, ce qui les comprend tous :
ils sont maintenus les uns et les autres, sauf la réduction
à moitié, en cas d'enfans. Le sens de l'article, est que les
avantages entre époux ne s'imputent pas sur la quotité
disponible en faveur des étrangers, qui était alors
le sixième ou le dixième. Cette quotité ayant été
changée par la loi du 4 germinal an 8, sans qu'il ait été
rien innové au sujet de l'imputation ; il en résulte la règle
ci-dessus : les avantages faits en faveur de l'époux ne

s'imputent pas sur le disponible en faveur de l'étranger.

Soit, par exemple, un mari décédé le premier vendémiaire an 8, qui laisse sa femme donataire entre-vifs d'une maison de 25,000 fr., un légataire de 10,000 fr., et une succession de 95,000 fr. à un neveu.

L'héritier serait mal fondé à dire au légataire : la succession est de 95,000 fr.; bien donné entre-vifs, 25,000 fr.; masse à comparer, 120,000 fr. Le sixième disponible en votre faveur est 20,000 fr.: mais sur ces 20,000 fr. il faut déduire l'avantage de la veuve, qui est de 25,000 fr.: ainsi vous n'avez rien à prétendre.

En vain voudrait-il opposer l'avis du citoyen Vermeil, en son explication de la loi du 18 pluviose an 5, sur l'article cité. On y lit : « Quand il y a concours de libé-
» ralités faites par le défunt à sa femme et au profit
» d'étrangers, celles faites au profit d'étrangers sont
» seules susceptibles de réduction, et même d'*être anéan-*
» *ties en totalité, si déduction faite de ce qui est donné*
» *à l'épouse il ne restait pas les cinq sixièmes* des biens
» pour les héritiers. » Il est étonnant qu'il soit échappé à ce jurisconsulte une pareille erreur : il impute sur la portion disponible en faveur des étrangers, les avantages entre époux, que la loi déclare ne devoir pas s'imputer sur la même portion.

On peut nous faire une seconde objection. Vous donnez, dira-t-on, à l'article 6 de la loi du 18 pluviose an 5, une trop grande étendue. Il est question dans la loi du 17 nivose des avantages antérieurs et postérieurs à cette même loi. L'article invoqué s'applique seulement aux avantages antérieurs, maintenus malgré

la rétroactivité ; savoir , par l'article 13 , qui maintient les avantages stipulés entre époux lors existans ; et
l'article 14, qui maintient ceux stipulés entre époux, dont
l'un est décédé avant le 14 juillet 1789. On y lit ensuite
de la phrase citée : « Et n'entrent point en concurrence
» avec les autres légataires dans la distribution au marc
» la livre , ordonné par l'article précédent. » Cette dernière partie de la phrase s'applique uniquement à des
avantages antérieurs : il en est donc de même de la première ; elle ne peut s'appliquer aux avantages postérieurs,
qui pourront avoir lieu à l'avenir. Ces avantages ne sont
pas du nombre des *maintenus* : on ne maintient que des
avantages déjà existans : aussi la loi , au lieu de déclarer
maintenir les avantages postérieurs, déclare, *art.* 14, qu'ils
obtiendront leur effet. D'après ce, s'agit-il de décider si les
avantages antérieurs à la promulgation de la loi du 17
nivose , doivent être imputés sur le disponible en faveur
de l'étranger ? La loi du 18 pluviose prononce la négative.
S'agit-il de décider la même question pour les avantages
portérieurs ? La même loi ne prononce pas : il faut re-
courir à d'autres lois , ou à défaut de lois, aux principes
généraux.

La réponse à cette objection n'est pas difficile. Il n'est
pas besoin d'examiner, si d'après les principes généraux
l'imputation devrait avoir lieu ou être rejettée. Il est un
point dont il ne faut pas se départir : c'est que la décision
doit être la même, dans le cas où l'avantage fait à l'époux
est antérieur à la promulgation de la loi du 17 nivose , et
dans le cas où il est postérieur. Point de raison d'admettre
l'imputation dans l'un de ces deux cas , et de la rejetter

dans l'autre, de donner une solution différente dans ces deux cas : lorsque le législateur s'est occupé de cette question en l'an 5, il a entendu la décider dans l'un et dans l'autre. Le mot *maintenus*, qui n'a rapport dans la rigueur du sens grammatical, qu'à des avantages déjà subsistans, s'est glissé par inadvertence, dans la décision législative que contient la première partie de l'article cité : cette inadvertence a pu être causée, par la circonstance que la dernière partie du même article, paraît n'avoir de rapport qu'à des avantages antérieurs. Mais l'intention du législateur n'en a pas moins été, de décider d'une manière générale que tous les avantages entre époux, dont les articles 13 et 14 assurent l'exécution, ne sont pas imputables sur la portion disponible en faveur de l'étranger : et par cette suite de cette volonté du législateur, le mot *maintenus* ne doit pas être restraint dans la rigueur du sens grammatical, à signifier les avantages *antérieurs* à la loi du 17 nivose, dont cette loi maintenait l'exécution ; mais s'étendre à tous les avantages entre époux, dont l'exécution est assurée par la même loi. _

RÈGLE II.

107. Les avantages faits en faveur de l'étranger, ne s'imputent pas sur le disponible en faveur de l'époux.

Quoique cette règle ne soit pas, comme la première, consignée dans la loi du 18 pluviose an 5, on ne peut pas douter néanmoins qu'elle ne soit conforme à l'intention des législateurs. Ils ont voulu favoriser les avantages entre époux, beaucoup plus que le avantages en faveur des étrangers. Ainsi la disposition de la loi du 17 nivose, qui tend à favoriser l'avantage fait à l'étranger par la non imputation de l'avantage fait à l'époux, doit, à plus forte raison, s'appliquer à l'avantage fait à l'époux, sur lequel on ne pourra pas imputer l'avantage fait à l'étranger.

Supposons, par exemple, qu'un père soit décédé le 18 germinal an 6, laissant sa veuve légataire de l'usufruit de la moitié de ses biens : un étranger se trouve donataire par acte entre-vifs de l'usufruit du dixième. L'enfant héritier serait mal fondé à dire à la veuve : sur votre moitié, il faut imputer le dixième de l'étranger ; vous n'aurez que les quatre dixièmes de l'usufruit de la succession.

RÈGLE III.

108. Les avantages postérieurs faits à l'époux, sont compris dans la masse, sur laquelle se fixera le disponible en faveur de l'étranger donataire antérieur : et *vice versâ.*

RÈGLE IV.

Les avantages postérieurs faits à l'étranger, sont compris dans la masse, sur laquelle se fixera le disponible en faveur de l'époux donataire antérieur.

Si les avantages postérieurs n'étaient pas compris dans la masse, ils diminueraient le disponible ; et, contre le vœu de la loi, les donations postérieures diminueraient les droits acquis au premier donataire.

RÈGLE V.

109. Pour fixer la portion disponible en faveur d'un
étranger

étranger, par acte postérieur à celui qui contient l'avantage fait à l'époux, il ne faut pas comprendre dans la masse à comparer, les biens dont profite l'époux.

A ne considérer que les principes généraux, d'après lesquels le second donataire doit laisser imputer, sur le disponible en sa faveur, les donations antérieures, il faudrait admettre la règle contraire, et adopter pour les deux donataires la même masse à comparer, sauf l'imputation sur le disponible en faveur du second.

Mais il faut s'en tenir aux principes adoptés par les lois positives. Il vient d'être établi, *règle I*, que les avantages dont profite l'époux, ne doivent pas être imputés sur le disponible en faveur de l'étranger. Ces avantages ne pouvant pas être imputés sur le disponible, ne doivent pas non plus être compris dans la masse à comparer pour fixer le même disponible : il ne serait pas juste que d'un côté, les biens enlevés à l'héritier par une première donation, pussent servir à augmenter la portion disponible en faveur du second donataire, tandis que de l'autre ils ne peuvent pas diminuer, la portion légale de ce second donataire sur laquelle ils ne sont pas imputables. Autrement il en résulterait des lésions considérables au préjudice de l'héritier, qui, voyant sa part entamée par deux sortes de prétendans, ne pourrait conserver à l'égard de l'un et de l'autre sa réserve relative, comme on en peut juger par l'espèce suivante :

Par contrat de mariage du 29 septembre 1784, le mari donne à sa femme dès à présent, une maison sise à Paris, de 90,000 fr. : le 25 vendémiaire an 3, il donne à un étranger une somme de 25,000 fr. comptée, nombrée et délivrée : il décède le 30 brumaire an 7, laissant à un fils unique une succession nette de 65,000 fr. dettes payées. La donation faite à la femme est donation entre - vifs ; son effet s'est ouvert, avant la publication de la loi du 17 nivose : elle est sujette à réduction pour fournir la légitime, suivant les lois anciennes. La donation entre-vifs, faite à l'étranger en l'an 3, est réductible au dixième, suivant la loi du 17 nivose an 2, lors en vigueur.

La succession se monte, dettes payées, à............ 65,000 f.
Somme donnée à l'étranger...................... 25,000
Maison donnée à la femme...................... 90,000
Masse à comparer pour fixer le disponible en faveur
de la femme.................................. 180,000 f.
Moitié disponible............................. 90,000

La donation est de pareille somme ; elle ne subira pas de retranchement.

Maintenant pour fixer le disponible en faveur de l'étranger, si on laisse dans la masse à comparer les 90,000 f. dont profite la veuve, le dixième disponible en faveur de l'étr., sera 18,000 f.
Il est donataire de........................... 25,000
L'héritier lui fait subir un retranchement de..... 7,000 f.
Celui-ci trouve, en outre, dans la succession..... 65,000
Il aura au total............................. 72,000 f.
Sa légitime est de........................... 90,000
Il essuie sur sa légitime une perte de........... 18,000 f.

L'héritier n'a pas, comme on voit, sa légitime, qui est la réserve relative à la veuve. Il ne peut demander son supplément de légitime à la veuve, après l'avoir réduite à la portion disponible : la portion dont profite l'étranger, diminue d'autant, la légitime de l'enfant.

Le même enfant n'a pas sa réserve relative à l'étranger: elle est des neuf dixièmes de la masse de 180,000 fr., c'est-à-dire, de 162,000 fr. Son bénéfice de 72,000 fr. est bien inférieur ; et cependant l'étranger profite de 18,000 fr.

Pour diminuer, autant qu'il est possible, la lésion que souffre l'héritier dans ses deux réserves, il faut, suivant la règle posée, ne pas comprendre les biens dont profite l'époux dans la masse à comparer pour fixer le disponible en faveur de l'étranger : cette opération diminuera le bénéfice de l'étranger, et augmentera celui de l'héritier.

110. Observez que si la règle V diminue de beaucoup la lésion considérable, que souffre l'héritier dans ses deux réserves, néanmoins elle ne la sauve pas entièrement, comme on peut voir par son application à l'espèce ci-dessus.

De la masse de..........................	180,000 f.
Otez les 90,000 fr. dont profite la veuve........	90,000
Reste pour la masse à comparer à l'égard de l'étr...	90,000 f.
Dixième disponible.......................	9,000
Il est donataire de.......................	25,000
L'héritier lui fait essuyer un retranchement de....	16,000 f.
Le même héritier trouve dans la succession......	65,000
Il aura au total..........................	81,000 f.

D'après cette opération, l'héritier a sa réserve de neuf dixièmes à l'égard de l'étranger : il a une part neuf fois plus forte que la sienne : il recueille 81,000 fr., tandis que l'étranger recueille 9,000 fr. Mais il n'a pas sa légitime entière, qui est de 90,000 fr.

Ce *déficit* sur la légitime, est une suite du principe de la non-imputation : si l'on avait suivi les principes généraux, l'enfant héritier n'éprouverait pas ce *déficit*, comme on va le voir.

Dans cette hypothèse, le disponible en faveur de l'étranger serait, comme au numéro précédent, de 18,000 f.: mais on imputerait sur ces 18,000 fr. les avantages dont profite la veuve. Ils excèdent dans l'espèce les 18,000 fr., l'étranger n'aurait rien. L'héritier conserverait sa légitime entière, il ne peut se plaindre de la veuve : il ne peut pas non plus se plaindre de la donation faite à l'étranger, puisqu'elle est caduque.

RÈGLE V.I.

111. Pour fixer la portion disponible en faveur d'un étranger, par acte postérieur à celui qui contient l'avantage fait à l'époux, il ne faut pas comprendre dans la masse à comparer, la portion à retrancher par l'héritier sur la donation excessive faite à l'époux.

Nous venons d'établir, *règle V*, qu'il ne fallait pas comprendre dans cette masse la portion dont profite l'époux avantagé. Mais à l'égard de l'étranger, point d'obstacle à ce que l'époux jouisse de la totalité de sa donation, même excessive : ce n'est pas en sa faveur que la loi a limité la faculté de disposer entre époux. L'enfant héritier peut se plaindre de l'excès : mais cette action n'appartient qu'à lui, ne peut profiter qu'à lui. Elle n'appartient pas à l'étranger, qui ne peut en profiter, soit directement, soit même indirectement, en faisant comprendre la portion retranchée, dans la masse à comparer pour fixer le disponible en sa faveur. L'enfant héritier doit avoir l'intégralité du bénéfice résultant de cette action : il est fondé à faire rejetter de cette masse la portion retranchée.

En vain l'étranger dirait il : la portion disponible en ma faveur est la quotité déterminée par la loi, dans tout ce dont le défunt ne pouvait disposer en faveur de l'époux : mon sort doit être le même, soit que le défunt se soit restraint lui-même dans les bornes prescrites, soit que la loi resserre sa libéralité excessive dans les mêmes limites. La partie retranchée doit donc entrer dans la masse à comparer, sur laquelle se déterminera la portion disponible en ma faveur.

L'héritier lui répondra : la portion disponible en votre faveur n'est pas la quotité déterminée par la loi, dans tout ce dont le défunt ne pouvait disposer en faveur de son époux ; mais la même quotité, dans ce dont il n'a pas disposé en faveur du même époux, parce qu'à votre égard il peut disposer de tout. Je pourrais consentir vis-à-vis de l'époux, l'exécution de la donation excessive, sans que vous eussiez à vous en plaindre : votre sort ne doit pas s'améliorer par l'exercice d'une action qui vous est étrangère. Ainsi la portion que je retranche sur la donation excessive de l'époux, ne peut entrer dans la masse à comparer, pour déterminer le disponible de votre faveur.

H 3

Supposons dans l'espèce des deux précédens numéros, que la maison donnée à la femme, au lieu de valoir 90,000 fr., soit d'une valeur de.. 130,000 f.

Somme donnée à l'étranger........................ 25,000
Succession, dettes déduites........................ 65,000
Masse à comparer à l'égard de la veuve.......... 220,000 f.
Moitié disponible................................ 110,000
La donation est de.............................. 130,000
Elle subira un retranchement de................. 20,000 f.
La masse à comparer à l'égard de la veuve, est... 220,000 f.
Otez-en l'avantage à elle fait................... 130,000
Reste pour la masse à comparer à l'égard de l'étr.. 90,000 f.
Dixième disponible.............................. 9,000
La donation est de.............................. 25,000
Elle subira un retranchement de................. 16,000 f.
Succession...................................... 65,000
Portion retranchée à la veuve.................... 20,000
L'héritier aura au total......................... 101,000 f.

L'étranger serait mal fondé à dire à l'héritier : vous devez ajouter aux 90,000 fr. dont le défunt n'a pas disposé en faveur de sa femme.. 90,000 f.

La portion à retrancher sur sa donation.......... 20,000
Masse à comparer à mon égard.................. 110,000 f.
Dixième disponible.............................. 11,000
Ma donation est................................. 25,000
Je ne dois subir de retranchement que pour...... 14,000 f.

Corollaire des règles *V* et *VI*.

112. Il suit des règles V et VI, que si la donation faite à l'époux comprend l'universalité des biens du donateur,

celui-ci se trouve dans l'incapacité absolue d'avantager des étrangers. Nous venons de voir que la donation excessive faite à l'époux, ne peut entrer dans la masse à comparer pour fixer le disponible en faveur de l'étranger, ni pour la portion dont profite l'époux *règle V*, ni pour la portion retranchée par l'héritier *règle VI*. Dans l'hypothèse présente, il ne reste aucun bien pour entrer dans cette masse : il n'y a donc aucun bien de disponible en faveur de l'étranger.

RÈGLE VII.

113. Pour fixer la portion disponible en faveur de l'époux, par acte postérieur à celui qui contient l'avantage fait à l'étranger, il ne faut pas comprendre dans la masse à comparer, les biens dont profite l'étranger.

RÈGLE VIII.

Pour fixer la portion disponible en faveur de l'époux, par acte postérieur à celui qui contient l'avantage fait à l'étranger, il ne faut pas comprendre dans la masse à comparer, la portion à retrancher par l'héritier sur la donation excessive faite à l'étranger.

Ces deux règles sont l'inverse des V et VI : elles sont fondées sur les mêmes raisons.

Corollaire des règles VII et VIII.

114. Si la donation faite à l'étranger, comprend l'universalité des biens du donateur, celui-ci se trouve dans l'incapacité absolue de faire aucun avantage à son époux : il n'y a plus de portion disponible en sa faveur.

H 4

RÈGLE IX.

115. Le donataire universel d'une quotité de la propriété, n'est grevé pour aucune portion, de l'usufruit constitué par un acte postérieur.

L'acte postérieur ne peut préjudicier, aux droits déjà acquis au donataire antérieur.

RÈGLE X.

116. Le donataire universel d'une quotité de la propriété, est grévé pour une pareille quotité, de la constitution d'usufruit faite par le même acte, à moins que le donateur ne s'en soit expliqué autrement.

Lorsque le même acte contient donation universelle de la propriété pour une quotité, et donation d'un usufruit, sans que le donateur ait déterminé, sur quelle part de ses biens se prendroit l'usufruit, il doit se répartir proportionnellement, et sur les biens donnés en propriété, et sur les biens conservés. Ainsi le donataire universel pour une quotité de la propriété, sera chargé pour une pareille quotité, de l'usufruit constitué par le même acte.

Supposons que, par un même acte, Philippe donne entre vifs, à Jacques le tiers de ses biens en propriété, et à Pierre le quart en usufruit. Si la propriété est de 270,000 fr. et l'usufruit de 12,000 fr., Jacques sera en propriété 90,000 fr., et en usufruit 4,000 fr.; mais il sera grévé de l'usufruit donné à Pierre pour 1,000 fr., faisant le tiers des 3,000 fr. qui constituent le quart du revenu (12,000 fr.) total. Les biens réservés par le donateur à l'égard de Jacques, sont en propriété 180,000 fr., en usufruit 8,000 fr. : mais ils sont grévés de l'usufruit donné à Pierre, pour 2,000 fr. faisant les deux tiers du quart qui lui est assuré.

Il en serait de même si Pierre, au lieu d'être donataire universel d'une quotité d'usufruit, était donataire particulier de l'usufruit d'une maison, Jacques donataire du tiers en propriété, serait grévé pour un tiers, de l'usufruit de la maison.

R E G L E XI.

117. Le donataire universel d'une quotité de la propriété, est grévé pour une pareille quotité, de la constitution d'usufruit faite par un acte antérieur.

L'usufruit constitué, est une charge de la propriété, du bien A concédé en usufruit : ainsi lorsque par une disposition universelle postérieure, le donateur dispose à titre gratuit, d'une portion de la propriété du même bien A, il grève par là même son second donataire, pour une pareille portion, de l'usufruit qu'il a constitué au profit du premier.

R E G L E XII.

118. Lorsque l'avantage fait à l'époux et celui fait à l'étranger sont de même date, pour fixer le disponible en faveur de chacun des deux avantages, la masse des biens doit se partager, de telle manière que la part de l'héritier contienne tout à la fois sa réserve relative à l'égard de l'un et de l'autre.

Point de raison dans ce cas, pour que l'on opère, à l'égard de l'un des deux donataires avant l'autre : les droits dus à chacun d'eux, doivent marcher d'un front égal entre eux, et avec ceux de l'héritier. Il n'y a pas d'autre moyen d'opérer simultanément sur ces droits respectifs, et de les concilier, que de partager la masse des biens de telle manière, que la part de l'héritier comprenne tout à la fois ces deux réserves relatives.

119. Ce concours simultané de ces trois droits respectifs, sera cause qu'ils se nuiront réciproquement, parce que les trois réunis font plus que le total des biens. Ils ont tous les trois, part dans l'usufruit : la veuve pour moitié ou.............................. 5 dixièmes.

L'héritier pareille part............... 5

L'étranger l'usufruit de son dixième.... 1

———————

11 dixièmes.

Ce qui fait un total de onze dixièmes : il faut donc que chacun des trois perde. Pour ne point enrichir l'un aux dépens de l'autre, il faut conserver entre eux la proportion établie par la loi, conserver à l'héritier ses deux réserves relatives, parce que c'est en sa faveur que la faculté de disposer a été limitée. Il faut qu'il lui reste, au moins autant d'usufruit qu'à la veuve, au moins neuf fois autant de propriété qu'à l'étranger.

120. Le lot de l'étranger est bien aisé à déterminer. Ce sont ici deux avantages différens qu'il faut réduire de la même manière, que si le défunt avait fait par le même acte deux dispositions universelles, l'une de propriété, l'autre d'usufruit : le donataire d'une portion de la propriété, serait grevé pour une pareille portion, de l'usufruit concédé à l'autre donataire, suivant la règle X ci-devant ; l'étranger

propriétaire pour un dixième, sera grevé pour un dixième, de l'usufruit qui sera assigné à la veuve.

121. Quant à l'usufruit, la veuve, l'étranger et l'héritier, y ont chacun leur part présente : l'héritier doit avoir autant que la veuve, et neuf fois autant que l'étranger. Soit A la part de l'étranger dans l'usufruit, la part de l'héritier sera 9 A, la part de la veuve égale à celle de l'héritier sera aussi 9 A : l'usufruit total sera 19 A. D'où l'on voit qu'il faut partager l'usufruit en 19 parts ; l'étranger en aura une, la veuve et l'héritier chacun neuf.

Par ce moyen l'héritier se trouvera grevé, ainsi qu'on vient de le dire, pour un dixième de l'usufruit de la veuve : ce qui est aisé à vérifier.

L'usufruit de la veuve est neuf 19es ou quatre-vingt-dix 190es, dont le dixième est neuf 190es. L'usufruit de l'étranger, pendant la vie de la veuve, est un 19e ou dix 190es; comme propriétaire de un 10e, il devrait avoir dans l'usufruit un 10e ou dix-neuf 190es, il supporte donc l'usufruit de la veuve pour neuf 190es, c'est-à-dire, pour le dixième de la portion dont elle jouit.

Lorsque la veuve sera morte, cette portion d'usufruit accroîtra à sa propriété : il jouira alors en entier du dixième des biens du défunt.

122. Dans l'opération qui vient d'être faite, chacun des trois copartageans essuye une perte : la veuve, au lieu de moitié en usufruit ou neuf 19es et demi, n'a que neuf 19es : l'étranger, au lieu de un 10e, n'a, pendant la vie de la veuve, que un 19e ; l'héritier, au lieu de moitié ou neuf 19es et demi, n'a, pendant la vie de la veuve, que neuf 19es.

Il a déjà été observé, que la perte qu'essuie chacune des trois parties intéressées, est la suite du concours de leurs droits respectifs. D'où il résulte que si les droits de l'un des deux avantagés sont moins forts, que les portions qui viennent d'être fixées, les droits de l'autre avantagé et de l'héritier augmentent de l'excédent ; et ce entre eux, dans leur proportion respective.

Si, par exemple, l'usufruit donné à la veuve ne monte pas aux neuf 19es du total, l'usufruit présent des deux autres sera plus fort que dix 19es : celui de l'héritier plus fort que neuf 19es, et celui de l'étranger plus fort que un 19e. Mais celui de l'héritier sera toujours, neuf fois autant que celui de l'étranger.

Si c'est la propriété donnée à l'étranger, qui est au-dessous du dixième du total, l'usufruit de la veuve sera plus fort que neuf 19es : l'usufruit de l'héritier, pendant la vie de la veuve, sera aussi plus fort que neuf 19es ; mais il sera toujours égal à celui de la veuve.

Dans ces deux cas l'étranger supportera l'usufruit de la veuve, dans la même proportion qu'il a part à la propriété.

SECTION II.

Application des règles précédentes.

123. Les avantages entre époux sont sujets à deux réductions différentes, l'une suivant la loi du 17 nivose, l'autre suivant les lois précédentes. Les avantages au profit d'étrangers sont sujets à trois réductions différentes, suivant les lois anciennes, suivant la loi du 17 nivose et suivant les lois précédentes ; d'où résultent six différentes espèces de concours, savoir :

D'une part, concours de l'avantage en faveur de l'époux, sujet pour la réduction aux lois anciennes, avec l'avantage fait à un étranger, sujet pour la réduction, 1°. aux lois anciennes ; 2°. à la loi du 17 nivose ; 3°. à la loi du 4 germinal an 8.

Et *d'autre part*, concours de l'avantage en faveur de l'époux, sujet pour la réduction à la loi du 17 nivose, avec l'avantage fait à un étranger, sujet pour la réduction, 4°. aux lois anciennes ; 5°. à la loi du 17 nivose ; 6°. à la loi du 4 germinal an 8.

Le premier de ces six concours ne présente pas de difficulté nouvelle ; les autres feront la matière des articles suivans.

ARTICLE PREMIER.

Concours de l'avantage fait à l'époux, sujet pour la réduction aux lois anciennes, avec l'avantage fait à l'étranger, sujet pour la réduction à la loi du 17 nivose.

Au cas d'un pareil concours, le défunt a laissé ou n'a pas laissé d'enfans.

124. *Primo.* L'orsque le défunt n'a pas laissé d'enfans, l'avantage fait à la veuve a son entière exécution : il ne pourrait être réduit que par des enfans, soit par les enfans en général pour la légitime, soit par les enfans d'un premier lit, comme excédant la part d'enfant.

En ce cas, l'avantage fait à l'étranger est seul réductible. Il a été établi, *règle V*, que les avantages dont profite l'époux, ne doivent pas être compris dans la masse à comparer, pour fixer le disponible en faveur de l'étranger, par acte postérieur à ceux qui contiennent les avantages faits à l'époux. Ainsi, après avoir retranché de la masse les objets dont profite la veuve, le sixième du surplus sera e disponible en faveur de l'étranger : si son avantage est au-dessous de ce sixième, il aura son entière exécution : s'il est au-dessus, il sera réductible à ce sixième.

Par contrat de mariage du 15 janvier 1792, Barthelemi donne à sa femme, dès à présent, la propriété d'une maison valant 160,000 fr. : le 8 ventose an 6, il donne entre vifs, à un étranger, une somme comptée, nombrée et délivrée à la vue des notaires : il décède , laissant à un neveu 50,000 fr. de bien net.

La donation faite à la femme est donation entre-vifs : son effet s'est ouvert avant la promulgation de la loi du 17 nivose , les lois anciennes régleront son sort ; à défaut d'enfant , elle aura son entière exécution.

La donation faite à l'étranger , sous la règne de la loi du 17 nivose , est réductible au sixième de la masse : il ne faut pas comprendre dans cette masse , les avantages faits à la veuve.

Dans l'espèce , cette masse comprendra les biens délaissés par le défunt ; plus , la donation entre-vifs , faite à l'étranger : et par suite cette donation sera réductible ou aura son entière exécution , suivant qu'elle sera plus ou moins forte que la somme de 10,000 fr. , faisant le cinquième de la succession , parce qu'au premier cas elle excédera le sixième de la masse , et qu'au second elle sera au-dessous.

Si le donataire , par exemple , est avantagé de 10,600 f. , la masse à comparer est 60,600 fr. ; et la donation excède le sixième disponible de 10,100 fr. Si au contraire le donataire est avantagé de 9.400 fr. , la masse à comparer est 59.400 fr. ; et la donation est au-dessous de 9,900 fr. , faisant le sixième disponible.

125. *Secundo.* Lorsque le défunt a laissé des enfans , l'un et l'autre avantage est sujet à réduction. L'avantage fait à l'époux sera d'abord réduit d'après les lois anciennes , en comprenant , suivant la règle IV , dans la masse des biens à comparer à son égard , les donations posté-

rieures faites à l'étranger ; ensuite l'avantage fait à l'étranger sera réduit au taux fixé par la loi du 17 nivose, en ne comprenant pas dans la masse à comparer à son égard, suivant les règles V et VI, les biens donnés à l'époux : le tout en la manière détaillée dans les exemples suivans.

Premier exemple. Par contrat de mariage du 20 avril 1790, Charles donne à sa femme, dès à présent, la propriété d'une maison sise à Paris, valant 40,000 fr. : le 28 nivose an 5, il donne entre-vifs à un étranger, une somme de 25,000 fr., comptée nombrée et délivrée à la vue des notaires : il décède le 8 vendémiaire an 6, laissant à quatre enfans 75,000 fr. de bien net : il faut régler les droits respectifs des parties.

La donation faite à la femme est donation entre-vifs ; son effet s'est ouvert avant la promulgation de la loi du 17 nivose : elle est sujete à réduction pour la légitime, suivant les lois anciennes. La donation faite à l'étranger est réductible au dixième, suivant la même loi du 17 nivose, en vigueur au moment de sa confection.

La succession est de......................... 75,000 f.

Donation faite à la veuve en 1790............. 40,000

Donation faite en l'an 5 à l'étranger, qui, suivant la règle IV, doit être comprise dans la masse à comparer à l'égard de l'époux..................... 25,000

Masse à comparer à l'égard de la veuve......... 140,000 f.

Moitié disponible......................... 70,000

La donation est de 40,000

Elle est au-dessous du disponible ; elle ne sera pas réduite.

A l'égard de l'étranger, suivant la règle V, il ne faut pas comprendre dans la masse à comparer à son égard, les 40,000 f. dont profite la veuve...................... 40,000 f.

Les déduisant de la masse ci-dessus........... 140,000

Reste pour la masse à comparer à l'égard de l'étr. 100,000 f.

Dixième disponible........................ 10,000

La donation est de....................... 25,000

Les enfans retranchent au donataire........... 15,000 f.

Ils trouvent dans la succession............... 75,000

Ils ont au total......................... 90,000

L'héritier serait mal fondé, suvant la règle I, à vouloir imputer sur les 10,000 fr. de disponible en faveur de l'étranger, la portion dont profite la veuve ; ce qui, dans l'espèce, réduirait sa donation à zéro, la veuve ayant été avantagée de 40,000 fr.

L'opération que vous venez d'indiquer, nous dira-t-on, est diamétralement opposée à celles que vous avez prescrites ci-devant, en la section I du chapitre I de la présente partie n. 101. 1°. Dans les premières, vous comprenez les biens de la première donation, dans la masse pour fixer le disponible par la seconde : dans la présente opération vous les retranchés. 2°. Dans les premières, vous imputez le bénéfice de la première donation, sur le disponible par la seconde ; et dans la présente opération, vous rejetez cette imputation.

Cette diversité d'opérations, résulte de la diversité des principes, qui s'applique aux différentes espèces. Dans les premières opérations, il s'agit du concours d'avantages faits au même époux, mais sujets à des réductions différentes. Il est juste que l'époux impute sur la seconde donation, le bénéfice de la première ; il est juste que les disponibles différens de ses deux donations, soient néanmoins basés sur la même masse. Mais ces règles, puisées dans les principes généraux de la matière, ne s'appliquent pas au concours d'avantages faits, les uns à l'époux, les autres à l'étranger. Ce concours a ses règles différentes, ainsi qu'il a été exposé : d'où résulte nécessairement une diversité d'opérations.

Second exemple. Supposons dans l'espèce du premier exemple, que la maison donné entre-vifs à la veuve, valût... 180,000 f.

Biens extans dans la succession............... 75,000

Somme donnée à l'étranger................. 25,000

Masse à comparer à l'égard de la veuve.......... 280,000 f.

Moitié disponible...................... 140,000

L'avantage est de................... 180,000

Le fils retranchera à la veuve.................. 40,000 f

Il y aura entre eux, lieu à partage ou licitation de la maison dans la proportion de 40,000 f. à 180,000 f. , ou de 2 à 9.

La masse à comparer, pour fixer le disponible en faveur de l'étranger, ne comprendra, ni les 140,000 fr. dont profite la veuve suivant la Ve. règle , ni les 40,000 fr. retranchés par l'héritier suivant la VIe. règle ; elle comprendra seulement ,

1°. Les biens extans dans la succession · · · · · · · · · ·	75,000 f.
2°. Sa donation de ·	25,000
Masse à comparer ·	100,000 f.
Dixième disponible ·	10,000
La donation est de ·	25,000
Elle subira un retranchement de · · · · · · · · · · · · · ·	15,000 f.

ARTICLE II.

Concours de l'avantage fait à l'époux, sujet pour la réduction à la loi du 17 nivose, avec l'avantage fait à l'étranger, sujet pour la réduction aux lois anciennes.

Au cas d'un pareil concours, le défunt a laissé ou n'a pas laissé d'enfans.

126. *Primo.* Lorsque le défunt n'a pas laissé d'enfans, les avantages par lui faits à sa veuve et à l'étranger ne sont, par événement, réductibles ni l'un ni l'autre : il n'y a que l'enfant, qui puisse réduire la veuve à l'usufruit de la moitié, qui puisse réclamer sa légitime contre l'étranger. Les avantages faits par le défunt auront l'un et l'autre leur

entière exécution, sans que l'héritier puisse **les faire réduire.**

127. *Secundo.* Lorsque le défunt a laissé des enfans, ils peuvent réclamer leur légitime contre l'étranger, réduire la veuve à la moitié de l'usufruit ; les avantages faits par le défunt, sont l'un et l'autre réductibles. Leur sort se réglera d'une manière pareille à celle dont il vient d'être parlé *n.*125, mais en sens inverse. L'avantage fait à l'étranger, sera réduit suivant les lois anciennes : on comprendra conformément à la règle III, dans la masse à comparer à son égard, les biens donnés à l'époux. L'avantage fait à l'époux, sera réduit suivant la loi du 17 nivose : on ne comprendra pas dans la masse à comparer à son égard, les biens donnés à l'étranger, soit *règle VII* pour la portion dont profite l'étranger, soit *règle VIII* même pour la portion que l'héritier retranche sur la donation excessive faite à l'époux ; et conformément à la règle II, on n'imputera pas sur la portion disponible en sa faveur, l'avantage dont profite l'étranger.

Observations sur les deux articles précédens.

128. Nous venons de supposer, dans les deux articles précédens, que l'avantage sujet à l'ancien mode de réduction était antérieur, à celui sujet au nouveau mode : il peut néanmoins se faire que de ces deux avantages, ce soit le dernier en date qui soit sujet à l'ancien mode, et le premier qui soit sujet au nouveau. Cette bisarrerie vient de ce que ce sont deux règles différentes, qui décident du nouveau mode de réduction, l'une pour les

avantages entre époux , l'autre pour les avantages entre étrangers.

Pierre , par exemple , donne en 1788 , à son épouse , par contrat de mariage , les deux cinquièmes des biens qui lui appartiendront à son décès. En 1791 , il marie un de ses neveux , et lui donne la moitié des biens qui lui appartiendront à son décès : il décède en l'an 6 , laissant un fils unique , qui veut faire réduire les différens avantages faits par son père.

Pour décider du mode de réduction de la première donation faite à la femme , il faut avoir recours , ainsi qu'il a été dit *n.* 83 , à l'article 25 de la loi du 9 fructidor, considérer si son effet s'ouvre avant ou depuis la promulgation de la loi du 17 nivose. Elle est donation à cause de mort ; son effet ne s'est ouvert que depuis la promulgation , à la mort du donateur : elle sera réductible suivant le mode nouveau.

Pour décider du mode de réduction de la seconde donation , il faut avoir recours à l'article I de la loi du 18 pluviose an 5 , qui décide que les disposition irrévocables de leur nature , légitimement stipulées entre individus non parens , antérieurement à la publication de la loi du 5 brumaire an 2 , auront leur plein et entier effet, conformément aux anciennes lois , dans les successions qui s'ouvriront à l'avenir. Dans l'espèce , la donation faite en 1791 à l'étranger , est antérieure à la publication de la loi du 5 brumaire an 2 ; elle est irrévocable, comme contenue dans un contrat de mariage : elle doit avoir son plein et entier effet , conformément aux lois anciennes , dans la succession ouverte en l'an 6 ; et conséquemment elle sera réductible, suivant le mode ancien.

Pour régler les droits des parties en ce cas singulier, il faut rechercher d'abord la donation sujette au mode nouveau, comme étant la première en date ; et en dernier la donation sujette au mode ancien, comme étant la seconde. L'avantage fait au premier donataire, sera réduit suivant le mode nouveau, en comprenant dans la masse à comparer à son égard, l'avantage fait au second donataire. L'avantage fait au second sera réduit suivant le mode ancien, en ne comprenant pas dans la masse à comparer à son égard, l'avantage fait au prémier.

Premier exemple. Dans l'espèce ci-dessus, l'avantage fait à l'époux, premier donataire, est les deux cinquièmes des biens ; il sera réduit à l'usufruit des mêmes deux cinquièmes. Cet usufruit ne sera pas réductible, parce qu'il est au-dessous de la moitié disponible. La masse à comparer, vis-à-vis de l'étranger second donataire, ne doit pas comprendre l'avantage précédent fait à la veuve : elle sera les trois cinquièmes de la succession,
ou les . . . . 6 dixièmes.

Moitié disponible en sa faveur 3

L'avantage à lui fait, est de moitié ou . . . 5

Il subira un retranchement de . . . . 2 dixièmes.

Second exemple. Germain donne, par contrat de mariage de 1783, à sa femme, en cas de survivance, un domaine valant 180,000 fr., et dont le revenu est

10,000 fr. En 1792, il donne à un de ses neveux, par contrat de mariage, une somme de 36,000 fr. à prendre sur les biens qu'il laissera a son décès : il décède en l'an 6. Son fils unique trouve dans la succession, outre le domaine donné à la veuve, 70,000 fr. d'actif : elle est grevée de 50,000 f. de dettes. La donation faite à la femme n'ayant effet qu'à la mort du mari, est sujette à réduction, suivant le mode nouveau. La donation faite à l'étranger étant irrévocable, est sujette à réduction, suivant le mode ancien.

	Valeur des biens.	Revenu.	Retranch. p. les dettes.	Restant du revenu.
Domaine donné à la femme......	180,000 f.	10,000 f.	néant.	10,000 f.
Biens de la succ.	70,000	3,500	2,500 f.	1,000
Dettes.......	50,000			

Le domaine donné à la femme n'y contribue pas : elles sont réparties sur les 70,000 f. d'autres biens, dans la proportion de 5 à 7 ; et le revenu net desdits biens, diminue dans la même proportion. Sur un total de 3,500 fr., il est diminué de 2,500 f., et réduit à 1,000 fr.

Masse des revenus à comparer à l'ég. de la veuve.	11,000 f.
Moitié disponible............	5,500
Sa donation est............	10,000
Elle subira un retranchement de.........	4,500 f.

Il y aura lieu entre la veuve et l'héritier, au partage ou licitation du revenu du domaine, dans la proportion de 5,500 à 4,500, ou de 11 à 9.

La masse à comparer à l'égard de l'étranger, ne comprend pas le domaine donné à la veuve, ni pour la portion, *règle V*, (5,500 fr. de revenu) qu'elle conserve, ni pour la portion, *règle VI*, (nue-propriété, et 4,500 f. de revenu) que lui retranche l'héritier : elle sera seulement composée des autres biens du défunt.. 70,000 f.

 Grevés des dettes... 50,000

 Masse nette à comparer................................. 20,000 f.
Moitié disponible... 10,000
Sa donation est de.. 36,000

Il essuie un retranchement de............................. 26,000 f.

129. Il peut arriver, dans le concours dont il s'agit ici, que le donateur ait disposé en faveur de l'étranger et de l'époux, précisément de la portion disponible en leur faveur. Il semble, en ce cas, qu'il ne doit pas y avoir lieu à réduction : néanmoins on verra par l'espèce suivante, que la seconde donation ne peut avoir son entier effet.

Germain donne à son neveu, en 1790, par contrat de mariage, la moitié des biens qu'il laissera à son décès. Il lègue à sa femme, le 6 vendémiaire an 7, l'usufruit de la moitié de ses biens, et décède le 10 du même mois, laissant pour héritier un fils unique.

La donation faite au neveu, par contrat de mariage, est irrévocable ; elle a été faite en 1790, antérieurement à la publication du 5 brumaire an 2 : elle doit avoir son exécution conformément aux lois anciennes, c'est-à-dire qu'elle aura effet sauf la légitime.

La donation faite à l'époux est testamentaire, et faite en l'an 6 : elle est sujette à réduction, suivant la loi du 17 nivose.

Ces points établis, l'étranger doit profiter en entier de sa donation, qui n'entame pas la légitime. La veuve ne peut comprendre dans la masse à comparer à son égard, la moitié dont profite l'étranger, *règle VII* : elle aura seulement l'usufruit du quart, au lieu de l'usufruit de la moitié qui lui a été légué, et que la loi paraissait lui assurer.

On ne manquera pas d'objecter que cette décision est tout à la fois contraire, et aux droits de la veuve, et aux droits de l'héritier; aux droits de la veuve, dont l'usufruit doit être de moitié au lieu du quart ; aux droits de l'héritier qui, propriétaire de moitié, mais grevé de l'usufruit d'un quart, n'a pas sa légitime franche.

Quoique, par événement, la veuve et l'enfant soient privés d'une partie des droits que la loi a voulu leur assurer, néanmoins on ne peut adopter une autre opération.

La veuve, donataire postérieure, ne peut diminuer les droits de l'étranger, donataire antérieur : elle ne peut s'adresser qu'à l'héritier. Celui-ci ne peut faire réduire la donation faite à l'étranger, parce qu'elle n'entame pas sa légitime. Attaqué ensuite par la veuve, il ne pourrait conserver sa légitime, qu'en imputant sur le revenu disponible en faveur de la veuve, le revenu dont profite l'étranger par sa donation antérieure, parce que cette imputation réduirait à zéro l'avantage fait à l'époux ; mais pareille imputation ne peut être admise suivant la règle II. La loi la refuse en termes précis, au préjudice de l'étranger : comment pourrait-on l'admettre au préjudice de l'époux, qu'elle veut favoriser beaucoup plus que l'étranger ? Il est donc nécessaire qu'on lui adjuge son lot, dans ce qui reste à l'héritier ; et ce, dans la proportion que lui assigne la loi, l'usufruit de la moitié. L'héritier est réduit à la moitié des biens : la femme aura l'usufruit du quart.

ARTICLE III.

Concours des avantages faits en faveur de l'époux et de l'étranger, sujets l'un et l'autre pour la réduction à la loi du 17 nivose.

Les avantages faits à l'époux et à l'étranger, ont même date ou des dates différentes.

§. Ier.

Concours des avantages faits en faveur de l'époux et de l'étranger, à des dates différentes, sujets l'un et l'autre pour la réduction à la loi du 17 nivose.

Lorsque dans une succession, il y a concours d'avantages faits en faveur de l'époux et de l'étranger, à des dates différentes, sujets l'un et l'autre pour la réduction à la loi du 17 nivose, l'avantage fait à l'époux est le premier ou le dernier en date.

130. *Primo.* Lorsque l'avantage fait en faveur de l'époux est le premier en date, ce cas est pareil à celui de l'article premier : il en diffère néanmoins en ce que l'avantage fait à l'époux, dont il est question au premier article, n'est pas réglé par la même législation. Malgré cette différence, comme il est pareil, il a une solution pareille : en conséquence :

1°. Lorsque le défunt n'a pas laissé d'enfans, l'avantage fait à l'époux n'est pas, 17 *niv. art.* 13 *et* 14 ; susceptible de réduction : il ne peut manquer d'avoir son entière exécution. L'étranger sera réduit à la quotité disponible dans le surplus, ainsi qu'on a vu *n.* 124.

131. 2°. Lorsque le défunt a laissé des enfans, alors les deux avantages sont susceptibles de réduction. Celui fait à l'époux, sera réduit au taux fixé par la loi du 17 nivose, en comprenant dans la masse à comparer à son égard l'avantage fait à l'étranger. Ensuite ce dernier avantage sera lui-même réduit au taux de la même loi, en ne comprenant pas dans la masse à comparer à son égard les biens donnés à l'époux, ainsi qu'il va être expliqué dans les exemples suivans.

Premier exemple. Par contrat de mariage du 8 messidor an 3, Jean donne à sa femme l'usufruit de la moitié des biens qu'il laissera à son décès. Le 4 nivose an 5, il donne entre-vifs à un étranger, une somme de 40,000 fr. Il décède en l'an 7, laissant à un fils unique 80,000 fr. de bien net.

L'avantage fait à la femme, sous l'empire de la loi du 17 nivose, sera réductible, suivant le mode qu'elle prescrit : l'avantage fait à l'étranger depuis la même loi, est sujet au même mode de réduction, parce que la succession s'est ouverte avant la loi du 4 germinal an 8, qui a introduit un troisième mode à l'égard des étrangers.

L'avantage fait à la femme, étant précisément de la

quantité autorisée par la loi, ne sera pas réduit; il suffit de le fixer.

Donation postérieure.......................... 40,000 f.
Biens délaissés............................... 80,000
____
Masse à comparer............................. 120,000 f.
Moitié disponible en usufruit, et dont il a été disposé en faveur de la veuve.................. 60,000
____

Elle jouira des biens extans dans la succession, jusqu'à concurrence de 60,000 f.

Quant à l'étranger, sur la masse ci-dessus de..... 120,000 f.
On déduira la valeur de l'usufruit donné à la veuve, que je suppose être estimé....................... 36,000
____
Reste pour la masse à comparer à l'égard de l'étr... 84,000 f.
Dixième disponible............................ 8,400
Il est avantagé de............................. 40,000
____
Il subira un retranchement de................. 31,600 f.
____

Second exemple. Par contrat du 4 frimaire an 4, un mari donne entre-vifs à sa femme en toute propriété, un domaine de 40,000 fr. Le 25 fructidor an 6, il donne entre-vifs à un étranger une somme de 20,000 fr. nombrée et délivrée : il décède en l'an 7, laissant 10,000 f. de bien net à un fils unique.

La donation faite à la femme du domaine, est réduite de droit à l'usufruit du même domaine. Pour régler ses droits en revenu, il faudra faire l'état des revenus de chacun des biens du défunt, que je suppose de cette manière:

	Propriété.	Revenu.
Domaine donné à la veuve.........	40,000 f.	2,400 f.
Somme de 20,000 f. donnée à l'étr...	20,000	800
Biens délaissés par le défunt, dettes déduites.	10,000	600
Masse à comparer à l'égard de la veuve..........		3,800 f.
Moitié disponible en sa faveur		1,900
Il lui a été donné un revenu de...............		2,400
Portion à retrancher......................		500 f.

Il y aura lieu entre la veuve et l'héritier, au partage ou licitation du revenu du domaine en question, dans la proportion de 19 à 5.

Quant à l'étranger, la masse à comparer ne comprend pas le domaine donné à la veuve : elle comprendra seulement,

1°. Les biens délaissés par le défunt............	10,000 f.
2°. La somme à lui donnée.................	20,000
Total....................	30,000 f.
Dixième disponible......................	3,000
Il a reçu............................	20,000
Il doit rendre à l'héritier..................	17,000 f.

132. Il est possible que le donateur ait donné à son époux et à l'étranger, précisément le disponible fixé par la loi; et alors il est bien aisé de concilier les droits des parties, parce que la propriété donnée à titre universel à l'étranger, pour une quotité, est grevée pour une pareille portion, de l'usufruit précédemment assuré à la veuve, suivant la règle XI.

Par contrat de mariage du 29 thermidor an 4, un mari donne à sa femme, l'usufruit de la moitié des biens qu'il possédera à son décès. Le 14 brumaire an 7, il lègue à un étranger le dixième de ses biens : il décède le 17 fructidor suivant, laissant un fils unique. La part de la veuve sera la moitié intégrale de l'usufruit : la part de l'étranger sera le dixième des biens, grevé pour un dixième de l'usufruit de la veuve.

133. *Secundo.* Lorsque l'avantage fait à l'époux au lieu d'être le premier en date, se trouve le dernier, il se fait une opération pareille à celle qu'on vient de décrire, mais en sens inverse.

1°. Au cas qu'il n'y ait pas d'enfant, l'avantage fait à l'étranger sera réduit au sixième de la masse totale. L'avantage fait à l'époux pourra comprendre tous les biens dont il n'a pas été disposé en faveur de l'étranger.

2°. Au cas qu'il y ait des enfans, l'avantage fait à l'étranger sera réduit au dixième, et celui fait à l'époux à la moitié de l'usufruit, en ne comprenant pas dans la masse à comparer à son égard les biens donnés à l'étranger.

On donnera l'exemple suivant du second cas : Nicolas donne entre-vifs, à un étranger, un domaine de 50,000 fr. par contrat du 9 germinal an 3. Le 15 nivose an 7, il lègue à sa femme une maison de 80,000 fr. Il décède le 18 du même mois, laissant outre la maison léguée 220,000 fr. d'autres biens, et 150,000 fr. de dettes : sa succession est recueillie par un fils unique.

Domaine donné à l'étranger················· 50,000 f.
Maison léguée à la veuve········ 80,000 f.
Autres biens de la succession····· 220,000

Total de la succession.··········· 300,000 f.
Dettes qui en font la moitié······ 150,000

Succession nette···············150,000 f. ci 150,000

Masse à comparer à l'égard de l'étranger········ 200,000 f.
Dixième disponible······················· 20,000
Le domaine donné est de··················· 50,000

L'étranger subira un retranchement de·········· 30,000 f.

Il y aura lieu entre l'héritier et l'étranger, au partage ou licitation du domaine, dans la proportion de 30,000 f. à 20,000 f. ou de 3 à 2.

Quant à la v⁰, la masse à comparer à son égard, ne comprendra pas le domaine donné à l'étranger ; elle ne pourra jouir qu'en usufruit de la maison léguée : cet usufruit sera réduit ainsi qu'il suit :

	Propriété.	Revenu.	Retranch. p. les dettes.	Restant du reven.
Maison léguée à la v⁰.	80,000 f.	4,600 f.	2,300 f.	2,300 f.
Autres biens de la suc.	220,000	10,000	5,000	5,000

Masse de revenus à comparer·················· 7,300 f.
Moitié disponible······················· 3,650
Revenu de la maison léguée·················· 4,600

Retranchement à faire par l'héritier·············· 950 f.

Il y aura lieu entre la veuve et l'héritier, au partage ou licitation de l'usufruit de la maison léguée, dans la proportion de 3,650 f. à 950 f., ou de 73 à 19.

§. II.

Concours des avantages de même date faits, en faveur de l'époux et de l'étranger, sujets l'un et l'autre pour la réduction à la loi du 17 nivose.

134. Les libéralités faites à l'époux et à l'étanger ont même date, 1°. lorsqu'elles sont faites par le même testament ou le même codicile ; 2°. lorsqu'elles sont faites par différens actes de dernière volonté, comme testament et codicile, parce que les dispositions contenues dans ces deux actes, ont toutes pour date commune le jour du décès qui leur assure une existence certaine ; 3°. dans le cas extraordinaire où elles auraient été consenties entre-vifs le même jour, soit par un même acte, soit par des actes différens.

Les libéralités de même date faites à l'époux et à l'é-tranger, suivront leurs règles particulières de réduction. Si le défunt a laissé des enfans, elles y seront sujettes l'une et l'autre. Si le défunt n'a pas laissé d'enfant, la libéralité faite à l'étranger sera seule sujette à réduction.

Trois circonstances peuvent se présenter : 1°. les lègs faits à la veuve et à l'étranger sont tous les deux universels, ou tous les deux particuliers ; 2°. de ces deux lègs, l'un est universel fait à l'étranger, et l'autre particulier fait à la veuve ; 3°. de ces deux lègs, l'un est universel fait à la veuve, l'autre particulier fait à l'étranger.

Concours des avantages de même date, faits en faveur de l'époux et de l'étranger, sujets l'un et l'autre pour la réduction à la loi du 17 nivose, lorsqu'ils sont tous les deux legs universels, ou tous les deux legs particuliers (1).

135. Au cas d'un pareil concours, le défunt a laissé ou n'a pas laissé d'enfans.

Primo. Si le défunt n'a pas laissé d'enfans, il a pu faire à sa veuve, tel avantage qu'il a voulu, sans restriction : il n'y a que l'avantage fait à l'étranger, qui puisse souffrir diminution.

---

(1) L'avantage qui excède le disponible n'est pas nul pour le tout ; il est seulement réductible. Tel est le principe général, qui reçoit son application ;

1°. A tous avantages faits au profit de l'époux, par actes entre-vifs ou de dernière volonté, à titre particulier ou universel, ainsi qu'on a vu ci-devant, *n.* 43.

2°. A tous avantages au profit d'étrangers, sujets à réduction suivant la loi du 4 germinal an 8, ainsi qu'il est énoncé en notre explication de la même loi, *n.* 7.

3°. A tous avantages au profit d'étrangers, sujets à la loi du 17 nivose, lorsqu'ils sont faits par actes entre-vifs à titre particulier ou universel, et lorsqu'ils sont faits à titre particulier par acte de dernière volonté.

Le même principe reçoit exception, à l'égard du legs universel en faveur d'étrangers, sujet à la loi du 17 nivose, lorsqu'il excède les bornes prescrites par cette loi. Pareil avantage est nul pour le tout (hors quelques cas particuliers qui rentrent dans la règle générale). L'exception annoncée, est le résultat des lois des 22 ventose an 2, et 18 pluviose an 5.

S'éleva la question de savoir, s'il falloit déclarer nulles pour le tout ou seulement réductibles, les dispositions universelles à

Des avantages entre époux.   K

L'héritier, comme il a été établi *règle XII*, doit conserver à l'égard de l'étranger sa réserve relative, qui est de cinq parts contre une. Il ne peut conserver cette ré-

---

cause de mort qui excédaient la portion disponible, lorsqu'étant antérieures à la promulgation de la loi du 5 brumaire, leur effet ne s'était ouvert que depuis. La loi du 22 ventose an 2, les décida nulles pour le tout, *art.* 47, attendu que l'auteur de la disposition, ayant survécu la promulgation de la loi, avait pu en faire une nouvelle, circonscrite dans les termes du droit nouveau ; d'où résulta l'obligation de refaire les anciennes dispositions de libéralités qui étaient dans ce cas.

La loi du 18 pluviose an 5 confirme, *art.* 4, la nullité pour le tout de pareilles dispositions : elle détaille quelques cas particuliers dans lesquels, par exception, elle les déclare réductibles.

Ces deux lois, déclarant nuls pour le tout les legs universels excessifs, faits par acte de dernière volonté antérieur à la loi du 17 nivose, dont on ne pouvait pas prévoir les dispositions, veulent, à plus forte raison, la nullité de ceux faits par acte postérieur à sa promulgation.

La nullité prononcée par ces deux lois contre les legs excessifs, ne l'a été que pour les legs universels, et non pour les legs particuliers : elles ne parlent que des dispositions universelles. La raison qui a empêché de statuer de même à l'égard des legs particuliers, a été que celui qui fait un legs universel au-delà du mode prescrit par la loi, a été considéré comme manifestant une volonté directement contraire à celle de la loi : il lègue un tiers, moitié, les trois quarts, tandis que la loi lui défend de disposer au-delà du dixième, du sixième. Il n'en est pas de même de celui qui fait un legs particulier excessif ; il n'enfreint la loi qu'indirectement, et seulement dans le cas qu'il peut ignorer, où la serve relative, si l'étranger prend le sixième au total, parce qu'alors il supporterait seul sur ses cinq sixièmes, l'avantage fait à l'époux. Il faut donc, dans ce cas, retrancher de la masse les biens dont profite l'époux, et donner à l'étranger le sixième du surplus. Les cinq sixièmes de ce même surplus resteront à l'héritier ; et au desir de la loi, il aura cinq fois la part de l'étranger.

Si la veuve est légataire universelle pour un quart, le disponible en faveur de l'étranger, sera le sixième des trois quatrièmes ou de six huitièmes, c'est-à-dire un huitième au total ; le legs universel fait à l'étranger, sera réduit au huitième des biens de la succession, s'il excède cette quotité.

Si la veuve est légataire universelle pour les deux tiers, le disponible en faveur de l'étranger sera le sixième du tiers, ou un dix huitième au total. Le legs fait à l'étranger sera réduit au dix-huitième, s'il excède cette quotité.

136. *Secundo.* Lorsque le défunt a laissé des enfans, l'un et l'autre legs sont limités par les lois, dans des bornes que le défunt ne devait pas outrepasser. Ce sera le cas d'appliquer

---

chose par lui léguée excède la valeur du disponible. Ainsi la nullité prononcée par la loi seulement contre les dispositions universelles, ne peut s'étendre aux dispositions à titre particulier.

Dans les espèces où il va être question de réduire le legs universel fait à un étranger, il faudra supposer qu'il est dans l'un des cas particuliers désignés par la loi du 18 pluviose an 5, *art.* 4, où pareil legs n'est pas nul, mais réductible.

Dans les mêmes espèces, si le legs universel fait à l'étranger était nul, il n'y aurait de valable que le legs fait à l'époux : et il sera procédé à sa réduction, comme s'il eût été le seul fait par le défunt.

la règle XII : en conséquence pour fixer le disponible en faveur de chacun des deux avantagés, la masse de la succession sera partagée entre eux et l'héritier, de telle manière que ce dernier jouisse de sa réserve relative, à l'égard de chacun d'eux.

La manière d'opérer ce partage, et de déterminer la portion disponible en faveur de l'époux et en faveur de l'étranger, a été expliquée à la suite de la même règle XII : on s'y conformera dans les exemples suivans.

Premier exemple. Par testament du 20 décembre 1792, un mari lègue à sa femme l'usufruit de tous ses biens, et fait un étranger son légataire universel pour un quart : il décède le 28 thermidor an 6, laissant un enfant.

Les droits de la veuve, de l'étranger et de l'héritier seront fixés, ainsi qu'il a été dit, *n.* 121 : les droits de la veuve seront réduits aux neuf 19es de l'usufruit des biens ; les droits de l'héritier en la propriété seront de neuf 10es ; ceux de l'étranger un 10e, aussi dans la propriété : ils sont grévés l'un et l'autre dans la même proportion, de l'usufruit qui reste à la veuve.

Deuxième exemple. Supposons dans l'espèce du premier exemple que la veuve soit légataire universelle pour un tiers, et l'étranger pour un quart.

L'étranger sera réduit au dixième de la propriété. Le legs de la veuve n'aura pas son exécution quant à la propriété, mais seulement quant à l'usufruit : cet usufruit est au-dessous des neuf 19es disponibles ; il ne souffrira pas de réduction. L'héritier et l'étranger auront dans l'usufruit, une part plus forte que neuf 19es, et un 19e, ainsi qu'il a été observé, *n.* 122 : ils contribueront à celui de la veuve dans la proportion de neuf à un, qui est celle de leur propriété. Cet usufruit est d'un tiers ou dix 30es : l'héritier y contribuera pour neuf 30es; ce qui réduira son usufruit des neuf dixièmes ou vingt-sept 30es à dix-huit 30es : l'étranger y contribuera pour un 30e, ce qui réduira son usufruit, de un dixième ou trois 30es, à deux 30es (1).

Troisième exemple. Par testament du 27 vendémiaire an 6, un mari lègue à sa femme le revenu d'un domaine de 80,000 fr., et à un ami une maison de 30,000 fr. Il décède le 20 floréal suivant, laissant dans sa succession, compris les objets légués, 210,000 fr. de biens grevés de 70,000 fr. de dettes, faisant le tiers de l'actif.

L'enfant héritier, veut faire réduire et l'avantage de la veuve et celui de l'étranger : y est-il fondé ?

Les droits de l'étranger sont :

Dixième en propriété.................. 21,000 fr.

Retranchement pour les dettes.......... 7,000

Disponible en propriété, en faveur de l'é-

tranger .... 14,000 fr.

(1) L'usufruit de l'héritier, dans l'opération actuelle, est dix-huit 30es, ou trois 5es, ou cinquante-sept 95es : il est plus fort que neuf 19es ou quarante-cinq 95es. L'usufruit de l'étranger, dans l'opération actuelle, est deux 30es, ou un 15e, ou dix-neuf 285es : il est plus fort que un 19e, ou quinze 285es.

K 3

Lesquéls seront grévés pour un dixième, de l'usufruit qui restera à la veuve. Il est légataire d'une propriété pleine de 30,000 fr. : ainsi nul doute que son lègs ne soit réducible.

Pour déterminer le disponible en faveur de la veuve, il faut faire l'état des revenus.

	Propriété.	Revenu.	Retranch. p. les dettes.	Restant du revenu.
Domaine dont le reve nu est légué à la veuve.	80,000 f.	3,900 f.	1,300 f.	2,600 f.
Maison léguée à l'étr.	30.000	2,400	800	1,600
Biens non légués….	100,000	5,100	1,700	3,400

Masse de revenu à comparer……………………… 7,600 f.
Dix-neuvième, part de l'étranger………………… 400
Neuf dix-neuvièmes, portion disponible en faveur de
la veuve………………………………………… 3,600
Le revenu a elle légué est de………………,……… 3,300

Elle essuiera un retranchement de……………… 300 f.

L'usufruit de la veuve sera…………………… 3,600 f.
Celui de l'héritier se déterminera, en retranchant des
neuf dixièmes de l'usufruit total………… 6,840 f.
Les neuf dixièmes de l'usufruit de la veuve· 3,240

Il lui reste en usufruit comme à la veuve·· 3,600 f. 3,600
L'usufruit de l'étranger se déterminera, en retranchant
du dixième de l'usufruit total………… 760 f.
Le dixième de l'usufruit de la veuve……· 360

Il lui reste, ainsi qu'il a été dit ci-dessus… 400 f. 400

7,600 f.

A la mort de la veuve, l'étranger réunira à sa propriété, la portion pour laquelle il contribue à l'usufruit de la veuve; et il aura le dixième disponible, tant en usufruit qu'en propriété.

Quatrième exemple. Supposons dans l'espèce du troisième exemple que le domaine légué à la veuve soit de 40,000 fr. au lieu de 80,000 fr., et que les biens non légués comprennent les autres 40,000 fr. ; ce qui laisse subsister les autres circonstances de l'espèce.

Les droits de l'étranger sont les mêmes que dans le troisième exemple ; il y a lieu à réduction à son égard.

Pour déterminer le disponible en faveur de la veuve, il faut faire l'état des revenus.

	Propriété.	Revenu.	Retrench. p. les dettes.	Restant du revenu.
Domaine dont le revenu est légué à la veuve.	40,000 f.	1,950 f.	650 f.	1,300 f.
Maison léguée à l'étr.	30,000	2,400	800	1,600
Biens non légués	140,000	7,050	2,350	4,700

Masse de revenu à comparer ··················· 7,600 f.
Dix-neuvième ······················· 400
Neuf dix-neuvièmes disponibles en faveur de la veuve 3,600

Le revenu légué est seulement ··············· 1,950 f.
Il ne souffrira pas de réduction.
L'usufruit de l'héritier se déterminera, en retranchant des neuf dixièmes de l'usufruit total ·········· 6,840 f.
Les neuf dixièmes de l'usufruit de la veuve · 1,755

Il lui reste en usufruit ················· 5,085 f. 5,085
L'usufruit de l'étranger se déterminera, en retranchant du dixième de l'usufruit total ·············· 760 f.
Le dixième de l'usufruit de la veuve ······ 195

Il lui reste en usufruit ················ 565 f. 565

L'usufruit de l'héritier et de l'étranger sont dans la proportion de neuf à un, et les trois portions d'usufruit forment le total ························· 7,600 f.

Concours des avantages de même date, faits en faveur de l'époux et de l'étranger, sujets l'un et l'autre pour la réduction, à la loi du 17 nivose, lorsque l'étranger est légataire universel et l'époux légataire particulier.

137. Au cas d'un pareil concours, ou le défunt n'a pas laissé d'enfans, ou il a laissé des enfans.

Primo. Lorsque le défunt n'a pas laissé d'enfans, le lègs particulier fait à l'époux, ne peut souffrir de réduction; le lègs universel peut seul en souffrir.

Le légataire universel est chargé de droit des lègs particuliers, pour la même quotité qu'il est légataire universel: ainsi la portion disponible en sa faveur, est la quotité fixée par la loi dans les biens héréditaires, grévée pour une pareille quotité du lègs particulier de l'époux; c'est-à-dire, le sixième des biens grévé pour un sixième du lègs fait à l'époux.

Si son lègs excède ce taux, il y sera réduit; s'il est moindre, il ne souffrira point de rédúction.

L'opération est fort simple, soit, 1º. lorsque l'étranger est grévé suivant les règles ordinaires du lègs particulier, pour la même proportion qu'il est légataire universel; soit, 2º. lorsque par une disposition particulière du testateur, il en est grévé dans une proportion plus forte, ou même pour la totalité.

Premier exemple. Par testament du 28 août 1792, Barthelemi lègue à sa femme une somme de 210,000 fr.; il fait un étranger légataire universel pour une portion de sa fortune : il décède le 8 brumaire an 8, laissant pour héritier son neveu. Les biens de sa succession sont dettes déduites de la valeur de 315,000 fr.

Le lègs fait à l'étranger sera, suivant sa quotité, plus ou moins fort que le disponible, comme on voit par le tableau suivant : au premier cas il sera réduit, au second il aura son entière exécution.

Succession de 315,000 fr.

	Portion de la succession.	Retranchemens p. le legs part.	Bénéfice.
Disponible........	52,500 f.	35,000 f.	17,500 f.
Legs du cinquième..	63,000	42,000	21,000
Legs du septième...	45,000	30,000	15,000

Second exemple. Par testament du 14 septembre 1791, Philippe institue un étranger son légataire universel pour un quart, avec charge de payer à sa veuve une somme de 60,000 fr. : il décède en l'an 7, laissant pour héritier un neveu. Le lègs de la veuve n'est pas sujet à réduction : il n'y a que celui fait à l'étranger qui puisse y être sujet. Ce dernier peut, suivant les circonstances, être moindre, égal ou plus fort que la portion disponible, comme on voit par le tableau suivant : point de réduction dans les deux premiers cas ; réduction dans le troisième.

	Portion de la succession.	Retranchement p. le legs part.	Bénéfice.
Succ. de 300,000 f. { Disponible.....	50,000 f.	10,000 f.	40,000 f.
Legs universel.	75,000	60,000	15,000
Succ. de 600,000 f. { Disponible.....	100,000	10,000	90,000
Legs universel.	150,000	60,000	90,000
Succ. de 900,000 f. { Disponible.....	150,000	10,000	140,000
Legs universel.	225,000	60,000	165,000

138. *Secundo.* Lorsque le défunt a laissé des enfans, l'un et l'autre legs peuvent être sujets à réduction. C'est le cas d'appliquer la règle XIi ; en conséquence, pour fixer le disponible en faveur de chacun des deux avantagés, la masse de la succession sera partagée entre eux et l'héritier, de telle manière que ce dernier jouisse de sa réserve relative, à l'égard de chacun d'eux. Si le legs fait à l'un ou à l'autre des deux avantagés, excède la part que lui assigne le résultat de l'opération indiquée, il sera réductible ; s'il est au-dessous de la même part, il aura son entière exécution.

139. *Premier exemple.* Par testament du 8 septembre 1792, Barthélemy fait un étranger légataire universel pour un sixième, à la charge de payer à sa veuve une somme de 26,000 f. La succession déférée à un fils unique se monte, toutes charges déduites, à · 300,000 f.

Sixième pour l'étranger légataire · · · · · · · · · · · · · · · · 50,000

Il est grevé d'un legs de · 26,000

Son bénéfice est · 24,000 f.

Pour fixer le disponible en sa faveur, il faut du dixième de la succession · 30,000

Déduire le dixième de l'usufruit des 26,000 fr. que je suppose valoir · 1,400

Disponible en faveur de l'étranger · · · · · · · · · · · · · 28,600 f.

Il est supérieur au bénéfice du legs universel, qui, par cette raison, ne souffrira pas de réduction.

Le legs de 26,000 f. en toute propriété, fait à la veuve, sera d'abord réduit à l'usufruit des mêmes 26,000 f. Pour juger si cet usufruit est réductible, et excède l'usufruit qui restera à l'héritier, il faut prélever sur la masse de la succession.. 300,000 f.
Le bénéfice du légataire universel........ 24,000

Masse à comparer à l'égard de la veuve... 276 000 f.
Moitié disponible en revenu............. 138,000

Il est évident sans opération, que le revenu de différentes sortes de biens valant 138,000 fr. est supérieur au revenu d'une somme de 26,000 fr. : l'usufruit de ces 26,000 fr. n'est pas réductible.

Dans cette espèce, l'héritier délivrera au légataire universel, son sixième des biens de la succession : ce sixième délivré, le legataire paiera à la veuve la somme de 26,000 fr. La veuve en jouira sa vie durant: à sa mort, ses ayans-cause la rendront à l'héritier de son mari.

En vain l'étranger légataire prétendrait-il, que cette somme devrait lui être rendue, parce que tout ce dont le légataire particulier ne profite pas, accroît au légataire universel, *jure non decrescendi.*

L'enfant héritier lui répondra avec raison : vous n'avez aucun droit de réduire la veuve qui vous demande le paiement de la somme à elle léguée en toute propriété; moi seul ai la faculté de la réduire à un simple usufruit, moi seul dois profiter de cette réduction. Qu'avez-vous à vous plaindre? vous avez tout ce que mon père vous a laissé, le sixième de ses biens, grevé d'un paiement de 26,000 fr. en toute propriété ; vous ne pouvez pas en réclamer d'avantage ; et ce serait en réclamer d'avantage que de prétendre à la mort de la veuve, la restitution des 26,000 fr. que vous lui avez payés, en exécution des volontés du défunt.

Les ayans-cause de la veuve seraient de leur côté mal fondés, à refuser la restitution des 26,000 f. à l'enfant de son mari, et à lui dire : les 26,000 fr. dont il s'agit n'ont pas été payés à vos dépens, mais aux dépens du légataire universel. Ce paiement ne vous fait pas souffrir de lézion dans vos droits ; vous ne pouvez donc pas demander après la mort de la veuve, la restitution de la somme payée.

L'enfant aura à leur répondre : si ce n'est pas moi directement qui ai payé à la veuve ces 26,000 fr., c'est moi qui ai fourni au légataire étranger, le moyen de satisfaire à ce paiement, en lui délivrant le sixième des biens. C'est à mes dépens qu'il a été fait, parce que, sans la considération du legs dont mon père le grevoit en faveur de sa veuve, il lui aurait laissé une moindre quotité de ses biens. D'un autre côté, mon père ne pouvait léguer à sa veuve, aucun de ses biens en toute propriété : il n'est pas reçu à éluder la loi, en grevant un tiers d'un legs particulier envers elle ; je suis fondé à me plaindre de cette infraction, et par-là même à profiter de la nue-propriété laissée à la veuve.

140. *Second exemple.* Philippe fait un étranger légataire universel pour moitié, et lègue à sa femme une somme de 70,000 fr. : les biens de la succession montent à 144,000 fr. grevés de 24,000 fr. de dettes, faisant le

sixième de l'actif : le fils du défunt se présente, et veut faire réduire les deux legs.

Bénéfice de la succession.............. 120,000 f.
Legs de la moitié.................... 60,000
Grevé pour moitié des 70,000 fr. légués
à la veuve........................... 35,000

Bénéfice du légataire universel.......... 25,000 f.

Le disponible en faveur de l'étranger est seulement le dixième de la masse, et ne monte qu'à 12,000 f. : il est en outre grevé du dixième de l'usufruit de la somme dont profitera la veuve : il est beaucoup inférieur aux 25,000 fr. qui sont le produit net de son legs ; ainsi il ne peut manquer d'être réduit.

La réduction du légataire universel, est étrangère à la veuve légataire particulière : elle ne doit pas diminuer ses droits. En conséquence, elle n'empêchera, pas qu'elle ne puisse réclamer sur la moitié comprise au legs universel, soit contre le légataire réduit, soit contre l'héritier réduisant 35,000 fr. faisant la moitié des 70,000 fr. à elle légués. Elle a droit de réclamer contre l'héritier pareils 35,000 fr. pour l'autre moitié de son legs.

La veuve ne peut jouir de ces 70,000 fr. qu'en usufruit, première réduction : elle doit en laisser à l'héritier la nue-propriété. L'usufruit de ces 70,000 fr. doit lui-même être réduit comme excédant de beaucoup sur une succession de 120,000 fr., grevée d'un legs envers un étranger, la portion de revenu disponible en sa faveur.

	Propriété.	Revenu.
Masse de la succession...............	144,000 f.	8,892 f.
Dettes, sixième de l'actif..........	24,000	1,482
Reste...........	120,000 f.	7,410 f.
Dix-neuvième du revenu, part de l'étranger...................		390
Neuf dix-neuvièmes, portion disponible en faveur de la veuve...............		3,510

Le revenu des 70,000 fr. a elle légués, est, à raison de 4 pour cent à cause de la retenue du cinquième, 2,800 fr. : il ne sera pas réductible.

La part de l'étranger sera un dixième dans la propriété (12,000 f.), grevé d'un dixième de l'usufruit des 70,000 f. Ainsi, après avoir reçu de l'étranger le dixième des biens de la succession, il sera tenu de payer à la veuve 7,000 f., dont il aura la restitution à son décès.

L'héritier, de son côté, aura neuf fois autant que l'étranger ; il aura les neuf dixièmes de la succession (108,000 f.), grevés envers la veuve du paiement actuel des neuf dixièmes de la somme léguée, du paiement de 63,000 fr., dont il aura la restitution à son décès.

Telle sera l'opération, dans le cas où l'héritier n'useroit pas de la faculté qui lui appartient, d'abandonner à la veuve la moitié des revenus, pour se rédimer de l'acquit de son legs.

L'héritier a cette faculté, comme il a été dit ci-devant, *n*. 73. Dans l'espèce, il ne manquera pas d'en user, à cause de la difficulté de trouver une somme aussi considérable, dont l'intérêt conventionnel excéderait l'usufruit abandonné. Il sera aussi avantageux à l'étranger légataire, d'user de pareille faculté, pour le dixième qu'il supporte dans le legs de la veuve. On sera convaincu de ces deux assertions d'après le tableau suivant :

	Propriété.	Revenu.
Succession..........................	120,000 f.	7,410 f.
Dix - neuvième.....................	6,315	390
Neuf dix-neuvièmes dont la veuve jouira en usufruit........................	56,841	3,510
L'étranger supporte cet usufruit, pour un dixième............................	5,684	351
L'héritier le supporte pour neuf dixièmes·	51,157	3,159

L'héritier préférera d'abandonner à la veuve l'usufruit des biens de la succession, jusqu'à concurrence de 51,157 fr. dans une masse de 120,000 fr., quoique cet usufruit produise un revenu de 3,159 fr.; au lieu de payer 63,000 fr. qui lui seront rendus à la mort de la veuve, et dont l'intérêt légal à 4 pour cent, à cause de la retenue, n'est que 2,520 fr.: ce parti lui est plus avantageux, parce que l'intérêt conventionnel de ces 63,000 fr. serait certainement bien supérieur à la somme de 3,156 fr.

L'étranger a pareillement intérêt d'abandonner à la veuve, l'usufruit des biens compris dans son legs, jusqu'à concurrence en propriété de 5,684 fr. sur une masse de 12,000 fr, quoique cet usufruit produise un revenu de 351 fr.; au lieu de payer 7.000 fr. qui lui seront rendus à la mort de la veuve, et dont l'intérêt légal est 280 fr.; parce que l'intérêt conventionnel de 7,000 fr. sera bien supérieur à la somme de 351 fr. Il y sera fondé, parce qu'il a droit au neuvième de la portion qui revient à l'héritier; il doit jouir de la même faculté que lui.

En vain la veuve lui dirait : vous n'avez aucun droit de me réduire ; vous ne pouvez changer mon sort. Grevé de mon usufruit pour un dixième, vous me devez l'usufruit de 7,000 fr. : vous ne pouvez m'offrir en paiement, l'usufruit en nature, de portion des biens compris dans votre legs.

L'étranger lui répliquera : si je jouissais de toute la latitude de mon legs, je n'aurais aucun droit de vous réduire. Mais lorsque je suis moi-même réduit par l'héritier au disponible en ma faveur, j'ai tous les mêmes moyens que lui, de vous réduire au disponible en votre faveur, parce que ma part doit être un neuvième de la sienne : je suis donc recevable à vous offrir comme lui, l'usufruit en nature, d'une portion des biens de mon legs, pour me libérer de l'usufruit des 7,000 fr.

Troisième exemple. Maurice fait un étranger légataire universel, et lègue à sa femme l'usufruit d'une maison valant 40,000 fr. : il décède le 14 germinal an 7, laissant à son fils unique, une succession de . . . . . . 150,000 f.

Grevée de dettes, faisant le cinquième de l'actif. 30,000

Bénéfice net. . . . . 12,000 f.

L'étranger sera réduit au dixième de la succession, grevé pour un dixième de l'usufruit de la veuve.

Pour fixer le disponible en faveur de la veuve, qui est les neuf 19es de l'usufruit, il faudra faire l'estimation des revenus.

Maison

	Propriété.	Revenu.	Retranch. p. les dettes.	Restant du revenu.
Maison léguée à la ve. en usufruit..........	80,000 f.	7,555 f.	1,511 f.	6,044 f.
Argent et produit du mobilier..........	70,000	2,800	560	2,240

Revenu, dettes déduites...................... 8,284 f.

Dix-neuvième....................... 436

Neuf 19es, portion disponible en faveur de la veuve· 3,924

Il lui a été légué un revenu de.................. 7,555 f.

Elle doit subir un retranchement de............ 3,631 f.

Le légataire en supportera le dixième de.......... 363 f.

Et l'héritier les neuf autres dixièmes.............. 3,268

Concours des avantages de même date en faveur de l'époux et de l'étranger, sujets l'un et l'autre pour la réduction à la loi du 17 nivose, lorsque l'époux est légataire universel et l'étranger légataire particulier.

141. Au cas d'un pareil concours, le défunt n'a pas laissé d'enfans, ou il a laissé des enfans.

Primo. Lorsque le défunt n'a pas laissé d'enfans, 1°. le legs universel fait à l'époux, ne peut souffrir de réduction.

2°. Le legs particulier fait à l'étranger pourra seul souffrir réduction, dans le cas où il entamerait la réserve relative de l'héritier ; c'est-à-dire, s'il excède le cinquième de la portion qui reste à l'héritier.

Des avantages entre époux.   L

De la masse des biens, on retranchera le legs de la veuve ; les cinq sixièmes du surplus constituent la réserve de l'héritier. Le dernier sixième est la portion disponible en faveur de l'étranger : si son legs en excède la valeur, il y sera réduit.

L'héritier profitera seul de cette réduction. La veuve légataire universelle ne peut y rien prétendre : elle jouit, sans y participer, de la plénitude de l'avantage que lui a laissé le défunt.

Premier exemple. Pierre fait à sa femme un legs de tous ses biens, et à un étranger un legs de 42,000 fr. : il décède en l'an 7, laissant à un neveu 183,000 fr. de bien net.

Le neveu est obligé d'abandonner à la veuve tous les biens du défunt.

La veuve, de son côté, paie au légataire les 42,000 fr. qui lui ont été légués.

Reste à déterminer, si ces 42,000 fr. excèdent la portion disponible en faveur de l'étranger.

L'héritier, par événement, est privé de tout. Retranchant de la masse des biens le bénéfice du legs fait à la veuve, le surplus est la somme léguée à l'étranger, qui est à prélever sur le legs universel ; savoir, 42,000 fr. : on en fera six parts de 7,000 fr., dont une seule restera au légataire, pour valeur de la portion disponible en sa faveur ; et les cinq autres, faisant 35,000 fr., seront contre lui réclamées par l'héritier.

En vain le légataire étranger, voudrait-il contester cette réduction à l'héritier, en lui disant : je ne suis pas enrichi à vos dépens, mais aux dépens du légataire universel ; vous êtes non-recevable à vouloir réduire mon avantage.

L'héritier lui répondra : la loi ne veut pas que vous profitiez au-delà du cinquième de ma part ; je ne profite de rien dans les biens de la succession ; et vous, vous profitez de 42,000 fr. Pour rétablir entre nous la proportion de la loi, vous devez me restituer les cinq sixièmes de cette somme (35,000 fr.), afin que, suivant le desir de la loi, ma part vaille cinq fois la vô.re. Il est bien vrai, 1°. que je ne puis contester à la veuve son legs universel ; en conséquence, j'ai été obligé de lui délaisser tous les biens de la succession : 2°. qu'elle ne peut faire réduire votre legs particulier, qui est chargé de son legs universel ; en conséquence, vous avez été bien fondé à lui en demander le paiement intégral. Mais il n'en est pas moins vrai, qu'après que vous l'avez reçu de la veuve légataire universelle, je ne sois en droit de le faire réduire à mon profit : c'est par ces trois opérations successives, que se concilient les droits respectifs de toutes les parties ; celui dn légataire universel, auquel je ne puis faire subir de réduction ; le vôtre, vis-à-vis du légataire universel, qui ne peut vous réduire ; et le droit qui m'appartient à moi seul, de demander la réduction de votre legs (1).

---

(1) Trois opérations pareilles étaient admises dans l'ancienne législation, lorsqu'il était question de concilier, 1°. les droits du légataire universel étranger, vis-à-vis des héritiers ; 2°. ceux de l'héritier légataire particulier, vis-à-vis du légataire universel

Second exemple. Supposons dans l'espèce du premier exemple, que la femme soit légataire universelle pour un tiers.

Masse de la succession......................	183,000 f.
Il en reste à l'hétitier les deux tiers............	122,000
Grevés des deux tiers du legs particulier.........	28,000
Bénéfice net de l'héritier....................	94,000 f.
Bénéfice de la veuve qui a le dernier tiers.......	47,000
Retranchez-le de la masse	183,000
Reste pour masse à comparer................	136,000 f.
Cinq sixièmes faisant la réserve de l'héritier......	113,333
Sixième disponible en faveur de l'étranger........	22,666
Son legs est de.	42,000
Il subira un retranchement de................	19,333
Lequel ajouté au bénéfice ci-dessus de l'héritier...	94,000
Complétera sa réserve relative à	113,333 f.

étranger ; 3°. ceux des co-héritiers du légataire particulier, dans les coutumes où la maxime, *nul ne peut être héritier et légataire*, était admise. Les héritiers réunis, faisaient délivrance au légataire universel étranger : celui-ci payait l'héritier légataire particulier, sans pouvoir lui opposer l'incompatibilité des deux qualités ; et ce dernier rapportait à ses co-héritiers, le bénéfice de son legs particulier. Ces deux dernières opérations ont été ordonnées par un arrêt du 19 février 1734 (rapporté par Denisart, 1771, au mot *incompatibilité*, n. 36 *et* 37), rendu dans la succession de la dame de Rochepot, entre la dame de Leuville, sa légataire universelle, et les différens héritiers légataires particuliers pour des valeurs inégales.

Troisième exemple. Germain fait sa femme légataire universelle pour un tiers : il lègue à un étranger une somme de 19,500 f. ; il décède en l'an 7, laissant à un neveu 183,000 f. de bien net.

Masse de la succession· ·	183,000 f.
Il en reste à l'héritier deux tiers· · · · · · · · · · · · ·	122,000
Grevé du legs de 19,500 f. pour les deux tiers· · · ·	13,000
Bénéfice net de l'héritier· · · · · · · · · · · · · · · · · · ·	109,000 f.
Bénéfice de la veuve qui a le dernier tiers· · · · · · ·	54,500
A retrancher de la masse de la succession.· · · · · · ·	183,000
Reste pour masse à comparer · · · · · · · · · · · · · · ·	128,500 f.
Sixième disponible en faveur de l'étranger· · · · · · ·	21,416
Son legs est seulement de.· · · · · · · · · · · · · · · · · ·	19,500

Il ne sera pas réduit.

142. *Secundo.* Lorsque le défunt laisse des enfans, alors les deux legs sont sujets à réduction ; et cette réduction doit se faire suivant la règle XII, de telle manière que l'héritier conserve, à l'égard de chacun des deux avantagés, sa réserve relative.

Premier exemple. Martin institue sa femme légataire universelle pour les trois quarts, à la charge de payer 50,000 fr. à un étranger : il décède en l'an 7, laissant à un fils unique une succession, valeur nette de 92,036 f. Il faut déterminer les droits des parties.

La veuve est légataire des trois quarts, montant à. • 69,027 f.
Elle e t grevée d'un legs de • • • • • • • • • • • • • • • 50,000

Bénéfice du legs universel • • • • • • • • • • • • • • • 19.027 f.

Pour lesquels elle est réd ite de droit à l'usufruit.
L'usufruit de ces 19,027 f. sera-t-il réduit ?

Masse de la succession • • • • • • • • • • • • • • • • 92,036 f.
Dix-neuvième • • • • • • • • • • • • • • • • • • • 4,844
Neuf 19es, portion disponible en usufruit au
profit de la veuve • • • • • • • • • • • • • • • • • 43,596
L'usufruit à elle légué est seulement l'usufruit
de. • 19,027
Il ne sera pas réductible.
La part de l'étranger est le 10e en propriété. • • 9,203 f. 6 d.
Grevé de l'usufruit de la veuve pour un 10^e
pour. • 1,902   7

Il est légataire en toute propriété de 50,000 f. : ainsi son legs
est réductible.

L'étranger recevra de l'héritier, le 10e des biens de la succession;
il en abandonnera l'usufruit à la veuve, jusqu'à concurrence de
1,902 f. 7 d., faisant le 10e de l'usufruit qui doit
lui rester, ci. • • • • • • • • • • • • • • • • 1,902 f. 7 d.
L'héritier conservera de son côté les neuf 10^es
des biens : il en abandonnera à la veuve l'usufruit,
jusqu'à concurrence de 17,124 fr. 3 d. faisant les
neuf 10es de la portion restante à la veuve en
usufruit • • • • • • • • • • • • • • • • • • • 17,124   3

Au moyen de ces deux abandons, la veuve
aura tout l'usufruit que lui assignait son legs
de. • 19,027 f.

Second exemple. Michel institue sa femme légataire universelle pour les quatre 5es, et fait à un étranger un legs de 25,000 f. : il décède en l'an 7, laissant à un fils unique 114,000 f. de biens, dettes déduites.

Les quatre 5es de la succession sont . . . . . 91,200 f.
Grevés des quatre 5es de 25,000 f. 20,000
Bénéfice du legs universel. . . . . 71,200 f.

Pour lesquels la veuve est réduite de droit à l'usufruit.

Reste à savoir si cet usufruit est réductible ; si, comme il a été dit à la suite de la règle XII, il excède les neuf 19es.

La masse des biens est. . . . . 114,000 f.
Le 19e est. , ... 6,000
Les neuf 10es, faisant la portion disponible en usufruit au profit de la veuve, sont. . . . 54,000

L'usufruit résultant de son legs est plus fort ; il est réductible à un usufruit des biens, jusqu'à concurrence de 54,000 f.

Quant à l'étranger, sa part est un dixième dans la propriété ; c'est-à-dire, 11,400 f., grevé du dixième de l'usufruit de la veuve. Il est légataire de 25,000 f. : il ne peut manquer d'être réduit.

L'étranger recevra de l'héritier le dixième des biens; il en abandonnera l'usufruit à la veuve, jusqu'à concurrence de 5,400 f., faisant le dixième dont elle doit profiter . . . . 5,400 f.

L'héritier conservera les neuf 10es des biens; il en abandonnera l'usufruit à la veuve, jusqu'à concurrence de neuf 10es de ce dont elle doit profiter; jusqu'à concurrence de. 48,600

Au moyen de ces deux abandons, la veuve jouira en usufruit, jusqu'à concurrence de sa portion disponible, de. 54,000

Troisième exemple. Supposons dans l'espèce précédente, que le legs fait à l'étranger soit de 10,000 f., le legs fait à la veuve, moins chargé, sera plus fort, et par suite continuera d'être réductible. Il faut savoir si les 11,400 fr. faisant le dixième de la propriété, grevé d'un usufruit de 5,400 fr., sera plus ou moins fort que la somme de 10,000 fr. léguée à l'étranger. Pour s'en assurer, il faut estimer l'usufruit sur la tête de la veuve: je suppose qu'il soit à la pleine propriété comme 9 est à 20; alors 20 est à 9 comme 5,400 fr. est à un quatrième terme, 2,430 f. qui est la valeur de l'usufruit de 5,400 fr. sur la tête de la veuve : diminuant cette valeur des 11,400 fr., reste 8,970 fr. pour la valeur nette du disponible. Le legs de 10,000 fr. est trop fort, il sera réduit comme en l'exemple précédent.

Si le legs est de 8,000 fr., ou de toute autre somme au-dessous de 8,970 fr., il se trouvera au-dessous de la

valeur du disponible : il n'y aura pas lieu à le réduire.
Le légataire en sera payé en entier ; et l'héritier restera
propriétaire, de tout le surplus grevé pour la totalité,
de l'usufruit de la veuve.

ARTICLE IV.

Concours de l'avantage fait à l'étranger, sujet pour la réduc-
tion, à la loi du 4 germinal an 8, avec l'avantage fait
à l'époux, sujet pour la réduction aux lois anciennes
ou à celle du 17 nivose.

143. La loi du 4 germinal an 8 partage, pour la
faculté de disposer à titre gratuit, les héritiers en quatre
classes. La première comprend les enfans, au préjudice
desquels le père de famille ne peut donner que le quart
de sa fortune, s'il en laisse trois ou moins ; et part
d'enfant, s'il en laisse plus de trois : la seconde et la
troisième comprennent ceux, au préjudice desquels on
peut disposer de la moitié ou des trois quarts : la quatrième comprend les parens les plus éloignés, au préjudice desquels on peut disposer de la totalité de sa
fortune (1).

Lorsque l'héritier est de la quatrième classe, les deux

---

(1) Nous n'entrerons pas ici dans le détail circonstancié des
parens qui se trouvent placés dans chacune de ces classes : on
peut le voir dans la loi même, et dans l'explication que nous
en avons fait paraître.

avantages ont leur entière exécution : celui fait à l'étranger, n'est pas réductible à cause de la classe de l'héritier; celui fait à l'époux, ne l'est pas non plus à cause du défaut d'enfans.

144. Lorsque l'héritier est de la deuxième ou troisième classe, alors le défunt n'a pas laissé d'enfans : l'avantage fait à l'époux sujet, soit aux lois anciennes soit à la loi du 17 nivose, a son entière exécution.

Dans ce cas, l'avantage fait à l'époux n'est pas compris, suivant la règle V, dans la masse à comparer pour fixer le disponible en faveur de l'étranger. Ainsi en retranchant de la masse des biens, l'avantage fait à l'époux, la quotité (dans le surplus) fixée par la loi, sera le disponible en faveur de l'étranger.

Premier exemple. Par contrat de mariage du 18 octobre 1792, Paul fait donation entre-vifs à sa femme, dès-à-présent, d'un domaine de 120,000 fr. Par contrat du 8 vendémiaire an 9, il donne entre-vifs à un étranger une maison de 50,000 fr. : il décède le 12 ventose de la même année, laissant à son frère 30,000 fr. de biens, dettes déduites.

La donation faite à la femme, a eu son effet avant la loi du 17 nivose : son sort est déterminé par les lois anciennes; ainsi, à défaut d'enfans, elle aura son entière exécution.

La donation faite à l'étranger, sera réduite suivant la loi du 4 germinal, à laquelle elle est postérieure.

Pour fixer le disponible en faveur de l'étranger, on ne

comprendra pas dans la masse à comparer, le domaine de 120,000 fr. donné à la femme : on y comprendra seulement,

1°. Le bénéfice net de la succession. . . . . 30,000 f.

2°. La donation entre-vifs faite au même étranger. 50,000
___

Masse à comparer. . . . . 80,000 f.

L'héritier est frère du défunt : il est de la seconde classe ; la portion disponible à son égard est moitié. 40,000
___

La donation entre-vifs de 50,000 f. est réductible ; elle essuiera un retranchement de 10,000 f.

Second exemple. Si dans la même espèce les héritiers sont de la troisième classe, comme des cousins germains, le disponible à leur égard est les trois quarts, est 60,000 f. La donation entre-vifs de 50,000 f. n'est pas dans le cas de la réduction.

Supposons, en ce dernier cas, que la maison donnée entre vifs à l'étranger, au lieu de 50,000 f.,

soit de valeur de. . . . . 130,000 f.

Joignez-y le bénéfice de la succession. . . . 30,000
___

Masse à comparer. . . . . 160,000 f.

Trois quarts disponibles. 120,000

La donation entre-vifs de. 130,000

Sera réductible, même à l'égard des cousins-germains ; elle suivra un retranchement

de. 10,000
___

Troisième exemple. Supposons dans l'espèce du premier exemple, que le mari ait donné à sa femme le domaine en cas de survie, et que les autres biens de la succession soient de même 30,000 f., alors la donation du domaine n'a eu effet qu'à la mort du disposant, après la promulgation de la loi du 17 nivose. Son sort sera déterminé par cette dernière loi; mais n'étant pas plus réductible que dans le premier cas, toutes les opérations des deux nombres précédens seront les mêmes.

145. Lorsque l'héritier est de la première classe, est enfant du défunt, alors l'avantage fait à l'époux est sujet à réduction, suivant les lois anciennes, ou suivant la loi du 17 nivose.

Primo. Lorsque dans la succession déférée à des enfans, l'avantage fait à l'étranger sujet à la loi du 4 germinal an 8, concourt avec celui fait à l'époux sujet pour la réduction aux lois anciennes; ce cas est pareil à celui du *n.* 125, dans lequel l'avantage fait à l'étranger sujet à la loi du 17 nivose, concourt avec celui fait à l'époux sujet aux lois anciennes. Il n'y a de différence que dans la quotité disponible en faveur de l'étranger: on suivra des opérations pareilles. L'avantage fait à l'époux sera réduit d'après les lois anciennes, en comprenant, suivant la règle IV, dans la masse des biens à comparer à son égard, l'avantage postérieur fait à l'étranger. Ce dernier sera ensuite réduit, au taux de la loi du 4 germinal, en ne comprenant pas, suivant les règles V et VI dans la masse à comparer à son égard, les biens donnés à l'époux. Un seul exemple suffira.

Soit posée pour espèce, celle du premier exemple *ibid.* dans laquelle on supposera que Charles n'est décédé que le 4 thermidor an 8, ou à telle autre époque postérieure à la publication de la loi du 4 germinal an 8 : alors la donation entre-vifs faite à l'étranger, sera pour la réduction sujette à la loi du 4 germinal, en vigueur au moment de la succession ; soit, 1°. dans le cas où cette donation entre-vifs serait postérieure à la même publication ; soit, 2°. même dans le cas présent dans lequel elle est antérieure, ainsi qu'il a été exposé en notre explication de la loi du 4 germinal, *n.* 8.

La masse à comparer à l'égard de l'étranger,
est . . . . 100,000 f.
Il y a quatre enfans, cinquième disponible. . 20,000
La donation entre-vifs est de. 25,000

Elle subira un retranchement de . . . . . . 5,000 f.
A joindre au bénéfice de la succession. . . 75,000

Total. . . . . 80,000 f.
Il y a quatre enfans, chacun. 20,000

Le donataire est réduit à part d'enfant, au desir de la loi.

146. *Secundo.* Lorsque dans la succession déférée à des enfans, l'avantage fait à un étranger, sujet pour la réduction à la loi du 4 germinal an 8, concourt avec celui fait à l'époux, sujet pour la réduction à la loi du 17 hivose, l'avantage fait à l'époux est le premier ou le dernier en date.

Premièrement. Lorsque l'avantage fait à l'époux est le premier en date, ce cas est semblable à celui du *n.* 131, dans lequel les deux avantages sont sujets à la loi du 17 nivose : il n'en diffère que dans la quotité disponible en faveur de l'étranger. Les effets de ce concours se détermineront par des opérations semblables. L'avantage fait à l'époux sera réduit, en comprenant, suivant la règle IV, dans la masse des biens à comparer à son égard, l'avantage postérieur fait à l'étranger : ensuite l'avantage fait à l'étranger sera réduit au taux de la loi du 4 germinal, en ne comprenant pas, suivant les règles V et VI, dans la masse à comparer à son égard, les biens donnés précédemment à l'époux.

Premier exemple. Prenons l'espèce du premier exemple, *n.* 131, dans laquelle nous supposerons que Jean est décédé en l'an 9, afin que la donation entre-vifs faite à l'étranger, soit sujette à la loi du 4 germinal.

Le sort de l'époux est le même ; il jouira de l'usufruit à lui donné, qui est précisément la portion disponible en sa faveur.

La masse à comparer à l'égard de l'étranger, est. . . . . 84,000 f.

Le défunt n'ayant qu'un enfant, quart disponible. 21,000

L'étranger a été avantagé de 40,000

Il subira un retranchement de. . . . . 19,000 f.

Second exemple. Par contrat du 18 floréal an 3, un

mari donne entre-vifs à sa femme, en toute propriété, un domaine de 60,000 f. Le 22 fructidor an 7, il donne entre-vifs à un étranger une maison de 25,000 fr. : il décède le 14 ventose an 9, laissant à huit enfans 20,000 f. de bien net, en deniers et meubles.

La donation entre-vifs faite à la femme, est sujette à la loi du 17 nivose an 2, ayant été consentie depuis sa promulgation. Celle faite à l'étranger, est sujette à la loi du 4 germinal an 8, depuis la publication de laquelle s'est ouverte la succession.

La donation faite à la femme, est réductible de plein droit, à l'usufruit du domaine dont il s'agit. Pour fixer la portion de revenu disponible en sa faveur, il faut faire l'état du revenu de chacun des biens que je suppose en cette manière :

	Propriété.	Revenu.
Domaine donnée à la veuve	60,000 f.	4,000 f.
Maison donnée à l'étranger	25,000	2,400
Argent et produit du mobilier, dettes prélevées.	20,000	800
Revenu à comparer à l'égard de la veuve		7,200 f.
Moitié disponible		3,600
Il lui a été donné un revenu de		4,000
Elle subira un retranchement de		400 f.

Il y aura lieu entre la veuve et les enfans, au partage ou licitation du revenu du domaine, dans la proportion de 3,600 à 400, ou de 9 à 1.

Quant à la donation faite à l'étranger :

Maison à lui donnée entre-vifs . . . . 25,000 f.
Biens délaissés par le défunt. 20,000

Masse à comparer à l'égard de l'étranger. . 45,000 f.
Il y a huit enfans, le disponible est le 9⁰. 5.000
L'étranger a reçu une maison de. 25.000

Il subira un retranchement de. . . . . 20,000 f.

Il y aura lieu entre lui et les enfans héritiers, au partage ou licitation de la maison, dans la proportion de 5,000 à 20,000, ou de 1 à 4; ensorte que l'étranger ne conservera, que le cinquième de la maison qui lui avait été donnée.

Troisième exemple. Par contrat du 25 vendémiaire an 3, Philippe donne entre-vifs, en toute propriété à sa femme, un domaine de 150,000 fr. Il lègue à un étranger une somme de 30,000 fr. : il décède le 30 vendémiaire an 9, laissant cinq enfans. Les biens par lui délaissés sont :

Maison à Paris. . . . . 40,000 f.
Argent et produit du mobilier. 8,000

Total. . . . . 48,000 f.
Dettes 12,000

Elles font le quart de l'actif.

La donation de la veuve est réduite à l'usufruit, qui est lui-même réductible.

Pour

Pour déterminer le montant de cette réduction, il faudra faire l'état des revenus du défunt, et établir sur ses revenus, une déduction proportionnelle pour les dettes.

	Propriété.	Revenu.	Contrib. aux d. p. 1 quart.	Restant.
Domaine donné à la veuve	150,000 f.	11,000 f.	*néant.*	11,000 f.
Maison à Paris.	40,000	3,600	900 f.	2,700
Argent et produit du mobilier.	8,000	320	80	240

Masse de revenus à comparer à l'égard de la veuve · 13,940 f.
Moitié disponible · 6,970
Il lui a été donné entre-vifs un revenu de · · · · · · · · · 11,000

Elle subira un retranchement de · · · · · · · · · · · · · · · 4,030 f.

Il y aura, entre la veuve et les héritiers, lieu au partage ou licitation du revenu du domaine, dans la proportion de 6,970 à 4,030, ou de 697 à 403.

Quant au legs fait à l'étranger, maison · · · · · · · · · · 40,000 f.
Argent et produit du mobilier · · · · · · · · · · · · · · · 8,000

Actif · · · · · · · · · · · · · · 48,000 f.
Contribution aux dettes · · · · · · · · · · · · · 12,000

Masse à comparer à l'égard de l'étranger · · · · · · · · · 36,000 f.
Attendu qu'il y a cinq enfans, sixième disponible · · · · 6,000
Auxquels sera réduit le légataire de · · · · · · · · · · · · 30,000

Il subira un retranchement de · · · · · · · · · · · · · · · · 24,000 f.

147. *Secondement.* Lorsque dans la succession déférée à des enfans, l'avantage antérieur fait à un étranger, sujet à la loi du 4 germinal an 8, concourt avec l'avantage postérieur fait à la veuve, sujet pour la réduction à la loi du 17 nivose, il se fait une opération pareille à celle qu'on vient de décrire; mais en sens inverse. L'avantage fait à l'étranger sera réduit au taux de la loi du 4 germinal, en comprenant dans la masse à comparer à son égard, les biens donnés depuis à la veuve : l'avantage fait à la veuve sera réduit au taux de la loi du 17 nivose, en ne comprenant pas dans la masse à comparer à son égard, les biens donnés à l'étranger.

Prenons pour exemple l'espèce inverse, de celle du troisième exemple du numéro précédent.

Par contrat du 25 vendémiaire an 3, Philippe donne entre-vifs à un étranger une somme de 30,000 fr., comptée, nombrée et délivrée à la vue des notaires. Le 4 brumaire an 7, il lègue à sa femme, en toute propriété, un domaine de 150,000 fr. : il décède le 30 vendémiaire an 9, laissant cinq enfans. Les autres biens par lui délaissés, sont une maison de 40,000 fr., argent et produit du mobilier, 8,000 fr. : ses dettes montent à 12,000 fr.

La donation antérieure faite à l'étranger, est sujette à la loi du 4 germinal, parce que la succession s'est ouverte depuis sa publication : le legs de la veuve est sujet à la loi du 17 nivose.

Pour déterminer le disponible en faveur de l'étranger, il faut réunir et les biens donnés entre-vifs et les biens extans dans la succession ; savoir :

Domaine légué à la veuve················· 150,000 f.

Maison····································· 40,000

Argent et mobilier························· 8,000

Actif············· 198,000 f.

Dettes··········· 12,000

Elles sont avec l'actif dans le rapport de 12 à 198,
ou de 2 à 33.

Bénéfice net de la succession··············· 186,000 f.

Somme donnée entre-vifs à l'étranger········· 30,000

Masse à comparer à son égard··············· 216,000 f.

Il y a cinq enfans, sixième disponible········· 36,000

Sa donation de 30,000 f. n'est pas réductible.

Quant au legs fait à la veuve, il est réduit de droit à un simple usufruit. Pour décider si cet usufruit est lui-même réductible, il faut faire l'état des revenus, sans y comprendre le revenu de la somme donnée à l'étranger.

	Propriété.	*Revenu.*	*Contrib. aux dettes.*	*Restant du reven.*
Domaine légué à la ve	150,000 f.	11,000 f.	667 f.	10,333 f.
Maison	40,000	3,600	218	3,382
Argent et mobilier	8,000	320	19	301

Masse des revenus à comparer à l'égard de la ve··· 14,016 f.

Moitié disponible·························· 7,008

Il lui a été légué un revenu de··············· 11,000

Elle subira un retranchement de············· 3,992 f.

F I N.

TABLE
DES TITRES.

SECONDE PARTIE.

Du concours de l'avantage fait à l'époux avec d'autres avantages.

Fin de la Table.

E R R A T A.

Page 160, lig. 18, au lieu de 40,000 f., lisez 80,000 f.
Ibid. lig. 22, au lieu de 12,000 f., lisez 120,000 f.

:MIER TABLEAU.

	Évaluation des fonds.	Revenu.	Retranch. p. les dettes.	Restant du revenu.
· · ·	58,000 f.	3,000 f.	300 f.	2,700 f.
· · ·	12,000	800	80	720
·r.	48,000	3,200	320	2,880
· · ·	60,000	néant.	néant.	néant.
· · ·	6,000	600	60	540
· · ·	4,000	800	80	720
· · ·	12,000	1,200	120	1,080
· · ·	10,000	400	40	360
1g·	30,000	1,200	120	1,080
· · ·	240,000 f.			
· · ·	24,000			

faut retrancher un 10ᵉ sur le revenu de
ire.

contribution aux dettes.............. 10,080 f.
eur de l'époux.................... 5,040

COND TABLEAU.

	Évaluation des fonds.	Revenu.	Retranch. p. les dettes.	Restant du revenu.
· · ·	58,000 f.	3,000 f.	375 f.	2,625 f.
· · ·	12,000	800	100	700
·ër. ·	48,000	3.200	néant.	3,200
l.· ·	60,000	néant.	néant.	néant.
· · ·	6,000	600	75	525
· · ·	4,000	800	100	700
· · ·	12,000	1,200	150	1,050
l.· ·	10,000	400	50	350
ng·	30,000	1,200	150	1,050
· · ·	240,000 f.			
ïs.·	48,000			
· ·	192,000 f.			
· · ·	24,000			

a succession : il faut retrancher un 8ᵉ sur
hose héréditaire.

contribution aux dettes.............. 10,200 f.
eur de l'époux.................... 5,100

tre époux.

PREMIER TABLEAU.

Nature des biens.	Évaluation des fonds.	Revenu.	Retranch. p. les dettes.	Restant du revenu.
Domaine du Loiret	58,000 f.	3,000 f.	300 f.	2,700 f.
Domaine de la Nièvre.	12,000	800	80	720
Domaine de la Seine-Infér.	48,000	3,200	320	2,880
Futaie en coup. non régl.	60,000	néant.	néant.	néant.
Rente perpétuelle.	6,000	600	60	540
Rente viagère.	4,000	800	80	720
Maison de Paris.	12,000	1,200	120	1,080
Argent et prod. du mobil.	10,000	400	40	360
Effets fungibles et qu. fung.	30,000	1,200	120	1,080
Évaluation totale.	240,000 f.			
Dettes.	24,000			

Elles forment le 10ᵉ : il faut retrancher un 10ᵉ sur le revenu de chaque chose héréditaire.

Revenu restant après la contribution aux dettes.............. 10,080 f.
Moitié disponible en faveur de l'époux.................... 5,040

SECOND TABLEAU.

Nature des biens.	Évaluation des fonds.	Revenu.	Retranch. p. les dettes.	Restant du revenu.
Domaine du Loiret	58,000 f.	3,000 f.	375 f.	2,625 f.
Domaine de la Nièvre.	12,000	800	100	700
Domaine de la Seine-Infér.	48,000	3,200	néant.	3,200
Futaie en coup. non régl.	60,000	néant.	néant.	néant.
Rente perpétuelle	6,000	600	75	525
Rente viagère	4,000	800	100	700
Maison de Paris.	12,000	1,200	150	1,050
Argent et prod. du mobil.	10,000	400	50	350
Effets fungibles et qu. fung.	30,000	1,200	150	1,050
Évaluation totale.	240,000 f.			
Domaine donné entre-vifs.	48,000			
Actif de la succession	192,000 f.			
Dettes.	24,000			

Elles forment le 8ᵉ de la succession : il faut retrancher un 8ᵉ sur le revenu de chaque chose héréditaire.

Revenu restant après la contribution aux dettes.............. 10,200 f.
Moitié disponible en faveur de l'époux.................... 5,100

Des avantages entre époux.